»Kästner führt uns hier in die erstaunlichste, die begeisterndste aller christlichen Landschaften... Daß dies tiefsinnige Buch zugleich höchst anmutig, ja heiter und im besten Sinne allgemein verständlich ist, gereicht ihm zu besonderem Ruhm in einem Land, in dem Liebenswürdigkeit, Humor und eine klare Sprache für untrügliche Zeichen von Oberflächlichkeit gelten und ein rechter Schriftstellermut dazu gehört, sich nicht um dieses Vorurteil zu kümmern. Außerdem ist unsere Literatur mit der *Stundentrommel* um eine der schönsten Reisebeschreibungen reicher geworden, die je auf deutsch geschrieben wurde, und um unser bestes Buch über das heutige Griechenland.« *Eckart Peterich in der Süddeutschen Zeitung*

insel taschenbuch 56
Erhart Kästner
Die Stundentrommel vom
heiligen Berg Athos

ERHART KÄSTNER
DIE STUNDENTROMMEL VOM HEILIGEN BERG ATHOS

Insel

19. Auflage 2016

Erste Auflage 1956
insel taschenbuch 56
© Insel Verlag Frankfurt am Main und Leipzig 1956
Alle Rechte vorbehalten, insbesondere das
des öffentlichen Vortrags sowie der Übertragung
durch Rundfunk und Fernsehen, auch einzelner Teile.
Kein Teil des Werkes darf in irgendeiner Form
(durch Fotografie, Mikrofilm oder andere Verfahren)
ohne schriftliche Genehmigung des Verlages
reproduziert oder unter Verwendung elektronischer Systeme
verarbeitet, vervielfältigt oder verbreitet werden.
Vertrieb durch den Suhrkamp Taschenbuch Verlag
Printed in Germany
Umschlag: hißmann, heilmann, hamburg
ISBN 978-3-458-31756-2

DIE STUNDENTROMMEL
VOM HEILIGEN BERG ATHOS

I

Die Luvaris, also mein Freund Nikolaos und die liebe Irini, bevorzugten eine weinumrankte Taverne, die sich am Fuß des Athenischen Stadtbergs Ardettos über den Ilyssos erhob und wohin sie gern ihre Freunde einluden. Auf dieser Rebenterrasse äußerte ich eines Abends die Absicht, eine Zeitlang auf den heiligen Berg der Griechen, auf den Athos zu gehen. In den ersten Jahren meiner Liebe zu Griechenland, sagte ich, habe ich diesen Wunsch nicht gehabt; nach und nach aber sei mir deutlich geworden, daß es an der Zeit sei, den Blick aufs antike Griechenland durch das byzantinische hindurch zu gewinnen und nicht im Vorbeiblick daran, im Renaissanceblick, der unmittelbar auf die Antike ausgehe. Denn die Stunde der schwärmenden Philhellenen-Gebärde sei doch vorbei, jener Gebärde, die nur einen Sinn gehabt habe, solange man meinte, in der Antike ein Paradies verloren zu haben. Seitdem dieser Traum aber ausgeträumt sei, und er sei es wie lange, habe der klassische Enthusiasmus seine Stunde verloren, werde nur hingeschleppt, wie das dann eben so sei, fortgeleiert als Schattenrede und nachgelallt als Gerücht. Zeit laufe halt ab, und Wahrheit, ein Wandelgestirn rücke eben vorbei; also wer auf den Punkt starre, wo Wahrheit noch vorhin erstrahlte, starre oftmals ins Leere. Mit Verlorenen-Paradieses-Gefühlen verfehle man zudem die griechische Lage, da das Griechische doch keine Wahlheimat, kein Ausflug und keine Wissenschaft sei, vielmehr ein Sturm, eine Leidenschaft, eine Betroffenheit und eine nie ausgestandene Gefahr. Eine Besessenheit, kein Besitz. Der eingefriedete Horatius nicht, aber Sappho. So daß man, ausfliegend, den griechischen Amor fati verrate, der doch unter den griechischen Leidenschaften die letzte und allergriechischste sei. Er zwinge, das *gegenwärtige* Schicksal zu lieben. Aber das heiße, sein Schicksal nicht als Verhängnis ansehn, eher als Fügung und Schickung. Denn das finstere Verhängnis kann niemand lieben; das sei es ja eben, daß es unliebbar sei, unliebbar und schrecklich. Geliebt aber ändere sich alles. Wer das leiste, sei übers alte, finstere Verhängnis hinaus, wer das könne, sei auf dem Punkt, Vorsehung für möglich zu halten. Eros sei eben stärker, wie allenthalben, so hier, und der Sieg übers alte Verhängnis sei sein letzter und größter, beinah schon nicht mehr antik. — Nun aber: wir alle seien als Griechen *und* Christen geboren, das sei unser Schicksal. Im Herzen Griechen und im Geiste Christen zu sein, das oder das Garnichts sei unsere Lage. Weitum aber seien nur solche, die das eine oder das andere verrieten.

Luvaris freute sich. Er erwiderte: »Was du sagst, ist richtig, doch wird dich kein Grieche verstehn. Nämlich, weil das alles für uns keine Neuigkeit ist. Die Wiedergeburt der Antike, die euch so begeistert hat und noch immer begeistert, war hier zu Land niemals eine Idee, dazu ist uns die Wiedergeburt, von welcher zu Nikodemos gesprochen wird, immer zu nahe gewesen. Diese Wiedergeburt, so denken wir, schließt alle anderen aus. Nicht die Akropolis ist unser heiliger Ort, das denkt nur ihr Deutschen; für jeden Griechen ist der heilige Ort die Hagia Sophia, unser griechisches Heiligtum, um welches wir trauern und weinen; aber wir werden es eines Tags wiederbesitzen. Konstantinopolis ist das Haupt, und der Athos ist das Herz unserer Welt. Ärrhart, wir gehen zusammen, ich werde dich und deine Freunde begleiten.«

Ein großes Versprechen. Da Luvaris zu den ersten Theologen seines Landes gehörte, mußte eine Weile mit ihm auf dem Athos eine andere Voraussetzung haben, wie wenn man allein als fremder Besucher ankäme. Es mußte ein ganz anderer Einblick in die tausendjährige Geheimniswelt sein.

Wir begannen beim Harzwein zu planen. Luvaris war zu mehreren Malen auf dem heiligen Berge gewesen; unter vier, fünf Wochen, meinte er, könne man nicht einmal einen Eindruck gewinnen. Zwar, man müsse nicht alle zwanzig Klöster besuchen, die in die Bergfalten dieses Chalkidike-Fingers eingestreut lägen, aber eine ganze Anzahl sehen müßten wir doch. Dann seien die Skiten, eine Art Dörfer, aus Mönchsgehöften locker zusammengesetzt, dann die Kellien, eine Art Einödsgehöfte, Zwei- und Dreisiedeleien, und schließlich die Eremiten, die Einsiedeleien im Süden, in der Eremia, der Wüste. Das seien die Formen des athonitischen Lebens. So daß der ganze heilige Berg mit mönchischer Lebensform in jeder Spielart ganz und gar überstirnt sei.

Also die Klöster, dann die Skiten als eine Art

Dörfer, dann die Kellien als Einödgehöfte und endlich die Einsiedeleien. Ich war gleich darauf aus, auch auf den Marmorgipfel des Athosberges zu steigen, da ich davon überzeugt bin, jedes Land lasse sich nur von seinen Bergen verstehen: hat es keine, so kann ich es durchaus nicht verstehn.

Kaum hätte ich mich gewundert, wäre es bloß beim weinlaubumrankten Versprechen geblieben; viel zu lang habe ich im Süden gelebt, um in solchen Versprechen nicht, ganz abgesehen von ihrer Erfüllung, einen Wert an sich zu erblicken; dort, wo Versprechen niemals eintreffen, und dort wo sie immer eintreffen, ist das Leben um einen Hoffnungszug ärmer.

Aber als ich im Jahre darauf an Luvaris schrieb, ich dächte nunmehr daran, auf den Athos zu gehen, antwortete er in seiner notenhaft perlenden Schrift: »Selbstverständlich gehn wir zusammen auf Athos. Welch schöne Fantasie, mit Euch manche Woche dort zu verweilen.«

Manche Woche, das hieß: einige Wochen, ein Luvarismus, der sich in seinem sonst vorzüglichen Deutsch festgesetzt hatte.

II

Der Orient-Expreß, der nur expreß fährt, solange er nicht im Orient ist, gleich hinter den mitteleuropäischen Grenzen gerät er ins Trödeln, war eine Stunde nach Mitternacht nach Saloniki gekommen. Zu meiner Überraschung war von dem früheren Bahnhof nichts mehr zu sehen, wozu bemerkt werden muß, daß man nie viel von ihm sah; es war immer bloß eine gemütliche Haltestelle gewesen. Jetzt kündeten schon bei der Einfahrt Eisstürze von Neonlicht an, daß man sich entschlossen hatte, sich auf der Höhe des Jahrhunderts zu halten. Überdeckte Bahnsteige, Treppen, Aufzüge, Elektrokarren und Sperren: die ehemals ländlichschlichte Station war fortgeschritten, das heißt unübersichtlich geworden.

So also kamen wir bei den Thessalonikern an, denen der Apostel Paulos zwei Briefe über die Endzeit, den Antichrist, die bevorstehende und auch wieder nicht unmittelbar bevorstehende Wiederkehr schrieb; die Thessaloniker nämlich verharrten damals in schwärmerischer Endzeit-Erwartung. Das schien, soviel man fürs erste wahrnehmen konnte, sich inzwischen gegeben zu haben.

Wir machten in diesem Bezug eine Bemerkung zu einem Luvaris-Schüler, einem Theologen, mit dem wir den ersten Abend in Saloniki verbrachten. Er lachte und meinte, er könne sich denken, daß es für uns recht merkwürdig sei, in der evangelischen Stadt Thessaloniki eine moderne Großstadt zu finden. Aber wir seien doch im Begriff auf den heiligen Berg Athos zu gehen: das sei eine Insel der reinen Endzeit-Erwartung. Dort lebe man in der Tat auf den Jüngsten Tag zu, auf den »lieben Jüngsten Tag«, wie unser Luther ja sage. Dort, wenigstens dort, werde gehandelt, als schösse die Zeit rapide, wie es der Mühlbach vor dem Sturz auf das Rad tut, dem großen Sprunge entgegen; dort verhalte man sich, wie man sich im großen Aufbruch verhält. Wo man nicht zeuge, wo nicht geboren werde, wo seit tausend Jahren gelebt werde ohne Söhne und Töchter, niemals ein neues Geschlecht, immer nur Auslauf und Absprung: da werde der Endzeit-Erwartung eines ganzen Landes gezollt. Nicht möglich und nicht einmal wünschbar, daß überall so gelebt werde; und doch, daß so etwas dasei, das ganze Land existiere davon. So sei die Grabplatte, die Ewige Wiederkehr heiße, dieser eiserne Deckel, zerbrochen.

Der Athos sei wie eine Wache, die ausgestellt sei. Nun könne der Schlaf der Andern so dumpf sein, wie er es ohnehin ist.

So der Luvaris-Schüler, ein Allen sympathischer, gescheiter, weltoffener Mann, Theologe, junger Professor. Es war nämlich so, daß Luvaris, kaum daß er auf dem Flugfeld von Sedes aufgesetzt hatte und in die Stadt gebracht worden war, von Schülern umringt war. Nicht recht einzusehen, woher sie so in der Geschwindigkeit kamen. Er saß in der Hotelhalle am Kai, durch die hohen Fenster sah man den schneebedeckten Olympos, der, fern überm hellblauen Meer, seine kristallenen Flächen, stahlblauen Äste und Eiskonturen austrieb, saß da und empfing. Zu unserem Staunen verbrauchte, vernutzte, verzehrte er ganze Garnituren von Besuchern in Kürze. Es war so, daß der runde Tisch am Fenster jeweils einen Satz Gäste aufnahm, Herren in blauen Anzügen, Damen der Gesellschaft und jüngere Leute, auch Popen in großen Gewändern: insgesamt eben Schüler. Die jeweils Verbrauchten zogen sich nach zehn oder zwanzig Minuten aus der Feuerlinie zurück, blieben jedoch in Reserve, steckten rote Köpfe zusammen und führten Nachdiskussion.

Wir sprachen mit Manchen. An den Lobreden über den alten Lehrer und einstigen Kultusminister fiel uns die gute nüanzierte und kritische Art auf, die sie hatten. Dergleichen vermag natürlich ein altes Volk wie die Griechen. Lob hat die Neigung, ins Allgemeine und Fade zu gehen, Kontur zu verlieren und so am Ende wohlfeil zu sein; so kommt es, daß Lob erst durch Schattenlagen Valuta bekommt.

Ich hatte den alten Freund nicht lange zuvor in München gesehen, wo er sich ein paar Wochen lang aufhielt. Als ich abreisen mußte, hatte er die Freundlichkeit, mich an den Bahnhof zu bringen. Auf der Fahrt dorthin, in der Taxe, überkam ihn eine schnelle Melancholie. Er spann: »Was das ist: Zeit? Du kommst, du gehst . . . man wartet, dann ist etwas da, aber wann ist es eigentlich da? Doch nur im Entgleiten. Was das heißen soll? Was das eigentlich ist? Rätselhaft, und immer rätselhafter, je länger man lebt. Aber das glaubst du nicht: wenn man älter wird, ist sogar einige Süße dabei.« Ich erinnere mich, daß ich *Zeit* in diesem Augenblick abblättern sah wie alte Ölfarbe am Gartenzaun, die viele Sommersonnen verbrannten. Die Fähigkeit zu solchen Momenten, in welchen Alltägliches staunenswert wird, ist mir fast das Liebste an Menschen. Es sind nicht die Klügsten, es müssen nicht die Gelehrtesten sein, die das vermögen. Aber ist es nicht das, was eigentlich *Wissenschaft* ist? Ist man in solchen Augenblicken nicht vorübergehend im Stande des Wissens?

Merkwürdig, daß es fast immer Verwundungen sind, in denen wir solche Durchblicke haben. Merkwürdig auch, daß ein Anflug von Schwermut die Menschen oft liebenswerter macht, als sie sonst sind.

Roderich und Heinrich hießen die Freunde. Roderich war ein erprobter Reisegefährte. Er sprach mehrere Sprachen, zeigte bei jeweils geringem Wortschatz Furchtlosigkeit, war weltläufig, ohne die glatte Gewandtheit zu haben, die man doch lieber nicht möchte, besaß Ansehen, war als Südtiroler vertraut mit mittelmeerischen Dingen, und was das wichtigste war, er hatte Passion; mit Begeisterten zu reisen ist in jedem Fall gut. Außerdem war er firmer Ornithologe, auch das steuerte Leidenschaft bei, die Essenz, ohne die jede Reise flügellahm wird. Auch botanisch war er beschlagen.

So brachte Thun dem Vermögen, über das jede Reisegesellschaft verfügen muß, Unschätzbares zu; in der Freundschaft legt man ja seine Gaben zusammen. Was aber seine Haupttugend war, er hatte die Gabe, Spannungen, wie sie auf Reisen nicht ausbleiben, dadurch zu lösen, daß er es Einem leicht machte, was sich anstaute, ohne Hemmung zur Sprache zu bringen. Das ist ein Talent, das nur wenige Menschen besitzen; sind doch so Viele nicht einmal in der Lage, das Gute, das man ihnen in einer Aufwallung zusagen möchte, sich ohne Schmälerung sagen zu lassen. Denn es hängt nicht allein vom Sagenden ab, ob er sich aussprechen kann. Nicht der Sprecher: der Hörer ist es, der spricht.

Thun und Luvaris kannten sich schon. Roderich war im Frühjahr zuvor in Athen gewesen und kam gleich als athonitischer Reisekamerad in Betracht. Seine erste Frage, als er von dem Plan hörte, war, ob er dort werde Oktapodia essen müssen. Oktapodia ist Tintenfisch, der langarmige Meerespolyp, dessen Tentakel, zu ringförmigen Scheiben geschnitten, in Öl gebraten, man in Griechenland häufig bekommt; es ist in der Tat nicht jeden Manns Sache. Die Oktapodia also waren es, die zwischen dem heiligen Berge und Roderich ihre schlängelnden Arme erhoben. Ich wußte es: er aß nichts von allem, was gut ist, er war in Bezug auf das Essen farbenblind und der reinste Analphabet. Er aß kein Fleisch, keinen Fisch, nichts in Öl; Krebse, Krabben, Austern und Hummern ließen ihn beim bloßen Anschaun erbleichen, aber es durfte auch nichts von der Pfanne sein, nichts vom Spieß, nichts, was geräuchert, gesulzt, geschmort und geröstet war, überhaupt nichts Gewürztes, es durfte nichts Eingeweidetes, aber etwas Ausgeweidetes durfte es schon auf keinen Fall sein; alles Interessante schied aus. Er war die Verzweiflung jeder Gastgeberin, überhaupt jeder Frau, die aus dem Kochen eine Kunst machen will, und das will jede kluge. Einmal, in Andritsena, von wo aus man den berühmten Tempel von Bassai besucht, ging ich mit ihm in eine Garküche, die einzige Wirtschaft am Platz. Der Wirt, alles aufbietend, nötigte uns in die dämmerigen Tiefen seines Gewölbes, hob die Deckel von den brodelnden Kesseln und zeigte seine Gerichte, da er natürlich keine Speisekarte besaß. Ich war stark an das Märchen erinnert, wo des Teufels rußiger Bruder in der Hölle die Deckel von den Kesseln abhebt und zuerst seinen Korporal, dann seinen Fähnrich und zuletzt seinen General sieht, wie sie da sieden. Denn schon aus dem ersten Kessel, den der Wirt spaltweise auftat, glotzte uns wenn auch kein Korporal, so doch ein Schafschädel beinern und bläulich aus der wogenden Brühe entgegen. Der Deckel senkte sich wieder, Roderich wandte sich um und entwich und schweigend gewann er das Freie. Es gingen ganze Tage ins Land, bis er wieder die erste Speise zu sich nehmen konnte.

Heinrich, der dritte, war mir verbunden durch ein immerwährendes Freundesgespräch, das wir schon einige Jahre lang führten. Ich hatte ihn in einem Gefangenenlager in Mittelengland kennengelernt, in dem ich nur wenige Tage verbrachte. Irgendwer muß mir empfohlen haben, diesen Mitgefangenen zu besuchen. Es war nicht leicht, ihn zu finden, denn er bewohnte ein abgetrenntes Barackenstück, zu welchem man sich durch ein Magazin hindurch-winden mußte, ehe man in ein letztes Abteil ge-langte, das durch ein Holzbett und Unordnung ausgefüllt war: wie ich jetzt sehe, eine vorwegge-nommene, nördlich abgewandelte Einsiedlerhöhle, merkwürdig und auch wieder nicht, da man in einem Gefangenenlager, in welches Belials Pran-kenhieb ein Lot Menschen gefegt hat, mehr Ein-siedler sein kann als sonst irgendwo auf der Welt.

Dort war Heinrich insofern ein großer Gefangener geworden, als er allwöchentlich philosophisch-poli-tische Vorträge hielt, die sich eines sagenhaften Zu-laufs erfreuten. Er selber blickte auf jene Zeit als eine höchst gesammelte und liquide zurück und fürchtete, niemals wieder im Stand zu solchen Denk- und Redegebäuden zu sein.

Seltsamerweise hatte ich in der Folge Besuch und Namen vergessen. Als wir nach Jahren unsere alte Bekanntschaft bemerkten, standen wir schon in-mitten eines erhitzten Freundesgesprächs, dieses dialogischen Glücks, das viel zu ungelobt ist und das darin besteht, daß man in solchen Stunden Besseres sagen kann, als man je hoffte, sagen zu können, daß man über eine Freundesantwort froher sein kann als über einen aufgelesenen Dukaten und daß es ohne Wichtigkeit ist, wer recht behielt und wer nachgab und wer dies und wer jenes gesagt hat. Die Güte des Augenblicks war es.

III

Wir betraten die Kirche der heiligen Weisheit und sahen in der Kuppel das große Kreismosaik, worin Christus zum Himmel auffährt. Das Bildnis stand im Zenit. Der Auferstandene hatte sich auf eine vielfarbige Regenbogenbrücke gesetzt und die war in eine kühle Glorie aus himmelblauen und meerblauen und stahlblauen und gewitterblauen Zonen gespannt. Da dieses frühe Jahrhundert so glücklich war, in »Himmel« und »Regenbogen« Metaphern für die Ewigkeit zu besitzen, so war *wirklich* der Himmel erschlossen. Das Ewige bot hilfreiche Hände. Jetzt, da Forschung so weit in Himmelsräume vordrang, wichen die Hände natürlich zurück, so daß wir ohne Gleichnis fürs Ewige auskommen müssen. Aber ohne Gleichnis, ist das ein Leben?

Ringsherum standen wie Strahlen die Jüngergestalten, die ihre Häupter dem Auferstandenen zuwandten. Das brachte mit sich, daß sie ihre Gesichter wie Blumenhäupter ins Waagrechte hielten, einesteils um die Himmelsauffahrt besser sehen zu können, andernteils um ihr Außersichsein zu zeigen, ihre namenlose Entzückung. Einige schlugen sich an die Stirnen, andere griffen sich vor die Münder, und alle starrten und wunderten sich und entsetzten sich, und das war um so stärker zum Ausdruck gebracht, je weiter der Kreis ging: beim sechsten und siebenten Jünger war das Entsetzen am größten, dann begannen sie wieder ruhiger zu werden, so daß es eine Welle des Außersichseins war, die durch die Jüngerschar hinging. Es war offensichtlich die Welle gepriesen, die herankommt und jeden aus sich über sich heben kann, wenn ihm gelingt, sich auf ihrer Höhe zu halten.

Sicher hatte der Meister des Mosaiks über diese Welle, die Ekstasis, nachgedacht, da ihm so daran lag, sie zwölffach zum Ausdruck zu bringen. Der nahe Athos war ja ein Hauptort der Übung, über dem Aufblick sich selbst zu vergessen; Enthaltung und Einsamkeit waren nur die Mittel dazu. So wie der neuzeitliche Westen ein Versuch ist, diese Kunst zu vergessen, eine Bemühung, die er sich gewaltige Anstrengung kosten läßt, — viel *Arbeit*, welche an sich das Mittel gegen die Ekstasis ist.

Im Kreis der Jünger war auch Maria, die Mutter Jesu, zu sehen, gemäß dem Berichte. Aber noch ein zweites Mal war sie da, und diesmal nicht unter den Andern, vielmehr allein, über die Maßen allein im ungeheuren Goldfeld der Apsis, nachtblau, das Kind auf den Armen. Das war nicht mehr die unscheinbare Gestalt der Evangelien und der Apostelgeschichte. Das war große, goldene Mythe.

Viel Trost kam durch sie in die Welt. So auch hier; die Kirche war ja der göttlichen Weisheit, der Hagia Sophia geweiht, und dieser trieb sie entgegen. Ihr stand sie und trieb sie und wuchs sie in der goldenen Konche entgegen, ein Geschöpf zwar der Erde, doch einmal, ein einziges Mal ein geglücktes, ein allerreinstes Geschöpf. Maria-Sophia: nur das Reine kann das Reine erkennen. Im Schlafenden muß doch der Trieb zum Erwachen mitschlafen, sonst stieße das Schlafboot nicht immer wieder an Land. Im Kranken muß doch Gesundheit mit kranksein, sonst käme niemals die ersehnte Gesundung zustande; der Keim treibt doch nicht bloß aus Zufall aus dunkler Erde gerade nach oben ins Licht. Die Richtung ist immer gegeben. Also, im Ohr der Völker, so verworren, so sehr es voll Unsinn und voller Gewöhnlichkeit ist, muß ein Rest rechten Hörens doch sein. Und sie ist dieses Hören.

Wenn sich Demut und Weisheit so lieben, daß die eine ohne die andere nicht sein kann, und es ist so, da jeder Zusatz von Hochmut das Kluge in den Essig der Dummheit umschlagen läßt, so ist Weisheit bei ihr, der Demütigsten, noch am besten untergebracht. Bei ihr, Maria-Sophia, die nicht einmal weise sein will. Denn so weit würde sie gehen: eigentlich brauchte sie, Sophia, überhaupt nicht mehr sein. Eigentlich könnte sie ganz und gar aufgelöst sein in Hingabe, Stille, Nichtwissen. Aber das wird von uns allen höchstens sie schaffen.

Ein Brunnen muß sein, der der reinste ist, sonst wäre die halbe Reinheit aller anderen Brunnen vergebens. So rein, daß die Sonne durchs Kristallene ohne Minderung dringt; man kann in der Tiefe über den braunen Brunnenstein Kräusellicht und -schatten hinwallen sehen. Warum sind wir denn so, daß uns dieser Anblick der Reine entzückt, wenn, was rein und unrein sein soll, zu bestimmen in unserer Hand läge?

Sie ist das Sonnenhafte, in dem unser Auge das

Licht der Sonne erblickt. Sie ist der oberste Trieb am Baume des Lebens, der alleroberste, umsponnen von Licht, unter so vielen Zweigen, die, immerhin, auch zum Licht drängen. Sie ist Stilla maris, der einzige reine Tropfe im ganz und halbtrüben Meer; aber der eine Tropfe bringt Ordnung für alle herbei. So ist sie Sophia, der aus der Erde gemachte, der irdene Krug, der von göttlicher Weisheit was er fassen kann faßt. Sie geht jeden an. Mögen wir sie nun Maria nennen oder nicht nennen, sie bleibt doch, was wir hoffen.

DEMETRIOS-BASILIKA

Dieser Vormittag hatte es in sich. Waren wir ohne große Erwartung in die Hagia Sophia-Kirche gegangen, so fürchteten wir in der Demetrios-Basilika erst recht nichts Außerordentliches zu finden, weil sie aus großer Zerstörung gerade erst wieder aufgebaut war. Dann aber fanden wir, eins nach dem andern, diese wunderbaren acht Mosaiken, die noch nicht berühmt, noch nicht verallgemeinert, noch nicht abgeblickt sind, vielmehr in kühler Frische gesammelt. Alle gehen den Demetrios an, den heiligen Helden, auf den die Stadt sich seit anderthalbtausend Jahren verläßt. Er war, wie die Acta Sanctorum berichten, von Adel, Offizier und hoher Verwaltungsbeamter, Statthalter des Kaisers und starb jung als Widerständler in einer Christenverfolgung. Da stand er, ein Ritter in Kühle, und hatte vor sich zwei Kinder, die er mit einer halben Geste beschützte und über die er hinwegsah: einen etwas verschlafenen Jungen und sein Schwesterchen das ganz aufgeweckt schien. Sie drängten sich an ihn. Wo auch im ganzen Land konnten sie einen Strahlenderen, einen Goldneren haben? Sie waren beim allerschönsten Helden der Welt.

Und so tritt er in allen Geschichten hervor, die sich die Pfeiler von ihm erzählen. Kann es überraschen, daß man ihn auf einem Mosaik zusammen mit einem Engel erblickt, der sich durch blaugraue Wolkenzeilen herabschlägt, die wie Perlschnüre stehen und zeigen, welche Weiten es sind, wodurch die Geflügelten fahren? Schlägt sich herab mit rauschenden und, wie es scheint, im Luftwiderstand sich einen Augenblick überknickenden Flügeln.

Hätten sie nichts in die Welt gebracht, diese griechischen Künstler, als solche Engel mit so herübertragenden Schwingen, sie wären schon deshalb zu preisen. Nichts als die Gewißheit, es sei in Momenten das Rauschen solcher Flügel zu hören, das Kommen der Boten, die immer ein Wort sind, denn was sollte ein Bote, ein Engel sonst sein, wenn ein Wort nicht? Jeder Engel ist Wort und jedes Wort, wenn es denn wirklich ein Wort ist, ein Engel. Als ob Wort wissenschaftlich beweisend sein könnte! Der Begriff, das ist nur sein Schatten. Wort ist Kraft von der Kraft.

Wir fanden das Engel-Mosaik erst bei einem zweiten Besuch, als wir nicht ohne Sorge die Demetrios-Kirche wiederbetraten: bei diesen zu fürchtenden zweiten Malen muß man ja darauf gefaßt sein, daß alles nicht so wie beim ersten Mal ist. Diesesmal meldete sich neben dem Demetrios auch der heilige Sergios an. Auch an seinem Bild war nichts ausgelassen, was dienen konnte, um den Helden schön und unnahbar zu machen. Goldketten um Handgelenke und Hals, rote Wangen, goldne Locken: er war so gepriesen, als sei die Antike noch gar nicht untergegangen. Die Antike, in welcher das Göttliche und das Schöne ungetrennt war. Und was sonst wäre Antike?

Also man hatte keine Bedenken getragen, den Heiligen zum Allerschönsten zu machen. Der Meister hatte dafür eine anderthalbtausendjährige Künstlererfahrung zusammengerafft. So wußte er, was man schafft, wenn man dem Schönen ein wenig Vergangenheit gibt, und ließ das siegellackrote Webmuster auf dem Damast eines schneeweißen Mantels, Marmorsteinchen wie Zucker, wie zuweilen nicht ganz gekommen erscheinen, wie Drucke, die ausbleiben. Oder er ließ in ein bergwassergrünes Gewand Gold einscheinen mit ein paar dazwischengespielten Goldsteinchen; wenn man sich einen Schritt nach vorn oder zur Seite bewegte, brach immer anderswo Glanz aus. Es war deutlich, hier waren die Bilder zu etwas anderem als zu bloßen Bildern geworden, zu Fenstern, durch die man hindurchsieht, wo sonst nur die dumme, angemalte, ein bißchen verzierte Gefängniswand ist.

Das also, das war aus den griechischen Helden

geworden. Denn es waren natürlich dieselben götterdienenden Helden, dieselben archaischen Jünglinge, wie sie sich als Wagenlenker und Läufer als Sieger in den Tempelbezirken dem Gotte darbrachten. Diese Heiligen hatten das, was die archaischen Jünglinge auch haben: ein Dasein und Abwesendsein. Aber während wir jenen nur noch den Zoll einer Bewunderung zubringen können, den das Schöne erhebt, wenn es nichts weiter als schön ist, während wir sie also schänden, indem wir ihr Schönes begucken, leben die hier noch in einem anderen Stand. Diese Heiligen, genau wie zu ihrer Zeit jene Opferstandbilder, würden es sich niemals einfallen lassen, sie könnten allein aus ihrer Schönheit bestehn. Nicht für uns ist ihr Schönes.

KLEINE ZWÖLF-APOSTEL-KIRCHE

Am letzten Abend saßen wir in einer Taverne am Uferkai, die Tische im Freien, von Neonlicht überstrahlt. Wir hatten zusammen mit Herrn Kalojeru gegessen, das Gespräch kam auf die Demetrios-Mosaiken. Herr Kalojeru freute sich über unser Entzücken und nahm es zum höheren Ruhm seiner Stadt in Empfang. Dann meinte er, wir hätten doch sicher auch die Mosaiken in der Kirche der Zwölf Apostel gesehen. Ich erwiderte, die Zwölf-Apostel-Kirche habe doch keine.

»Freilich hat sie«, sagte Herr Kalojeru, »und so

schön wie in Daphni.« In der kleinen Klosterkirche von Daphni zwischen Athen und Eleusis sind aber die alleraufregend-schönsten Mosaiken aus dem elften Jahrhundert, einer Glanzzeit dieser glänzenden Kunst.

Ich erwiderte also, daß man davon doch etwas gehört haben müsse, und er verwechsle es sicher mit den Mosaiken der Hagia Sophia. Kalojeru sah sich für einen kunsthistorischen Ignoranten gehalten.

»Die ganze Welt bewundert Ravenna«, sagte ich, »und hier soll was noch Schöneres sein, wovon man nichts weiß? Mein Guide bleu weiß davon keine Silbe.«

»Der Guide bleu«, beschränkte sich Herr Kalojeru zu sagen, beugte sich im Stuhle zurück und tippte mit seinem Stock einen Vorübergehenden an. Wir saßen nämlich auf der Straße heraußen und die Abendgänger, das ist aber ganz Saloniki, gehen auf der Meerpromenade dicht an den Tischen vorbei; alles kennt sich. Kalojeru also fragte den Herrn:

»Eh, sind in Dodeka Apostoloi Mosaiken oder sind sie nicht? Bitte es den Herren zu sagen. Sie sind ungläubig.« Der Herr bestätigte alles.

»So schön wie in Daphni?«

»Es sind nicht so viel wie in Daphni, aber sie sind wohl ebenso schön«, sagte weise der Richter. »Ganz neu aufgefunden und erst seit dem internationalen Kongreß der Byzantinologen im vorigen Jahre zu sehen.«

So war es.

Wir gingen am anderen Morgen sofort zu den

Zwölf Aposteln hinauf. Ich hatte die Kirche früher schon einmal gesehen. Sie ist klein, wie es die Art der mittelalterlich-griechischen Kirchen ist, die nichts darstellen wollen. Es ist der Typus, der aus erdbraunen Flachziegeln gebaut ist, die Ziegel versetzt, so daß Muster entstehen. Thessaloniki besitzt eine erstaunliche Menge solcher kauernder, erdbrauner, wie gebackener Kirchen, die von unten aus der Erde heraufgewölbt scheinen und sehr liebenswert sind. Das Innere von Aposteln hat man mit sechs Schritten nach beiden Seiten durchmessen, dagegen treibt es den Raum zur Kuppel um ein Vielfaches höher empor.

Von den Mosaiken waren in Gewölben, Gurtbogen und Kuppel etwa zwölf oder vierzehn zu sehn, herrlich. Ein junges Geburtbild, dann Jerusalem, die hochgebaut herrliche Stadt, und ein Gang in den Hades. Alles unräumlich, nichts von Historie. Alles nach vorne gezogen. Alles Legende.

Mehr als alles aber entzückte uns ein Mosaik der Verklärungsgeschichte. Das Verklärungsbild war in den Aufschwung eines Gewölbebogens gesetzt, dessen anderer Aufschwung ein Einzug in Jerusalem war. Der Verklärte, von Lichtausbrüchen umzuckt, stand auf äußerster Bergspitze in Ruhe, während alles um ihn in größter Unruhe war. Moses rechts und Elias links wie hergebogene Monde. Die Szene war in grünen und silbernen Meerfarben, auch Goldschimmern, überirdisch gehalten. Die drei Jünger verrückt. Den einen, den Liebling Johannes, hatte es gleich nach rückwärts geworfen, er lag bergab mit den Füßen nach oben. Auch den Petros fällte es hin, er fiel in den eigenen Mantel, der ihn umzackte, und den Jakobos hatte es vornüber geworfen, so daß er auf allen Vieren dalag, betäubt von dem Ausbruch des schrecklichen Schönen.

Später, auf dem bilderseligen Athos, fand ich oft die Verklärungsgeschichte, und nachdem ich einmal aufmerksam war, merkte ich: die Verklärung wird hier zu Lande mit großen Freuden gemalt. Die Griechen lieben diese Geschichte besonders. Viel öfter als die Auferstehung wird sie geschildert, die man kaum antrifft und die ihr doch so verwandt ist, daß man es wagen kann, die Verklärung eine vorweggenommene Auferstehung zu nennen, denn beides sind Augenblicke, in welchen Christus in seinem Eigentlichen erscheint. Nur die Zeit trennt die beiden verschiedenen Male, also nichts, da es ja gerade die Zertrümmerung der Zeitlichkeit ist. Es ist der Christus der Gleichzeitigkeit, der in diesen Bildern erscheint.

Also, der Auferstandene wird aus der Verklärung verstanden. Wie schön. Dann ist die Auferstehung ja eigentlich überhaupt nicht mehr *nicht* zu verstehn. Denn was Verklärung, ganz allgemein, ist, kann in seinen kleinen Verhältnissen Aller und Jeder erfahren. Und erfährt es. Wenn anders Verklärung der Durchbruch des Eigentlichen durchs Schemenhafte, des Lebendigen durch die Schatten, des Geliebten durchs Ungeliebte und die Ankunft des Langerwarteten ist, so weiß jeder, daß solche Momente es sind, um derentwillen wir leben. Verklärung ist Durchschein des Urbilds. Das wird von jedem Geborenen erhofft. Wir leben auf Verklärungen zu, worauf sollten wir sonst, es ist unsere angeborene Hoffnung. Mag es auch nur ein Handgeld, mag es auch nur ein erster, niederer Grad sein, was wir mit unseren beschränkten Organen erfahren: was es heißt, wenn sich uns ein Mensch, eine Heimat, ein Wort, ein im Vertrauen gesprochener Satz, wenn sich uns eine Stunde verklärt, das können wir immerhin wissen. Wo sonst auch knüpften wir an?

Wenn also die Griechen die Verklärungsgeschichte so lieben, so ist das ein lebenvertrauender Zug. Verklärung gehört zu unserer Erfahrung, sie gehört zu unserem Leben. Mit ihr beginnt erst das Leben.

Und das weiß auch Jeder, daß nur die Liebesblicke es sind, die die Kraft der Verklärung besitzen. Nur dem Auge, das nicht liebt und nie geliebt hat, ist Verklärung nie widerfahren. Und selbst wenn es sich wieder entzog, was dem Liebesblick aufschien: da darf man sich nicht irr machen lassen, daß es das Eigentliche, daß es *das Wirkliche* war.

IV

Man kann zum Athos entweder auf dem Landweg oder über den Golf von Thessaloniki auf dem
Seeweg gelangen, was beides nicht besonders kurz-
weilig ist. Mir ist meine zweite Ankunft besonders
im Gedächtnis geblieben. Nämlich, da ich im dar-
auffolgenden Jahr noch einmal auf dem heiligen
Berg war und es diesen Aufzeichnungen nicht so
darauf ankommen kann, die Historie, als die Legende dieser zwei Aufenthalte zu sein, wähle ich
die Momente aus, wie sie selbst wollen. Man weiß
ohnehin, daß jedes gesunde Erinnerungsvermögen
die glückliche Gabe des Vergessens besitzt und nur
die erfüllten Augenblicke behält, in welchen, wie
es auf bairisch heißt, etwas zusammenging.
Das Boot war auf glasklarer, aber ziemlich kräftiger
See die paar Stunden vom letzten weltlichen Dorf,
von Jerissos, querüber gefahren und bog nun um
einen rotbraunen Felsberg herum, so dicht, daß es
mit der steigenden und fallenden Meerflut an der
lotrechten Felswand stieg, fiel und tanzte, als die
erste der Klosterbuchten sich auftat und das Esphig-
menu-Monasterion sich meterweis freigab, eine
Meerfestung, die zwischen Felsen an den Wellensaum hingebaut ist. Hier stieg ich diesmal an Land.
An ein Land, das ganz anders als jedes andere
Land ist. Setzte den Fuß auf den goldbraunen, von
den schwappenden und zurückschlurfenden Wellen
löcherig gewordenen Fels und war glücklich, wieder
angekommen zu sein.

Also, da liegt in der Mitte der griechisch-christlichen Welt dieser heilige Berg, diese schmale Halbinsel, ein Bereich, der ohne Macht ist, ohne jeden Versuch, Obrigkeit, Herrschaft, Regierung zu sein. Nie wurde von hier aus über die Christenheit eine Herrschaft auszuüben versucht, nie wurden auch Befehle empfangen. Man braucht bloß die Probe zu machen und zu sagen, daß man eine Empfehlung vom Erzbischof von Thessaloniki mitbringe, um bei hochgezogenen Augenbrauen zu hören: vielen Dank, aber der habe hier nicht das Geringste zu sagen. Der Bischof, der seinen Sitz in Jerissos hat, dicht an der Grenze, darf das Gebiet der Mönchsrepublik nicht einmal betreten. Das Wort Obrigkeit ist hier durchaus nicht beliebt, die Idee des Papalen ganz fremd. Das Innere ordnet der heilige Rat, es gilt gleichberechtigte Abstimmung, sorgsam gehüteter Brauch: niemals unterbrochene, uralte griechische Demokratie. Unverlorene Polis.

Ich finde, daß es eine schöne Gleichnishandlung der Ostkirche ist, um derentwillen sie geliebt werden muß: daß sie diese Mitte der Machtlosigkeit hat. Eingeändert von der allgemeinen Macht- und Obrigkeitwelt, in der wir alle leben und noch dazu froh sein müssen, wenn es eine Recht- und Ordnungswelt und keine Räuberwelt ist, will er, dieser Berg, frei sein von Machtausübung und Macht. In einer Welt, die so hinfällig ist, daß sie ohne Gesetz nicht bestehn kann, hat er den Willen, ein Ort evangelischer Freiheit zu sein. Evangelischer Ohnmacht. Ja, er versagt es sich noch, Muster und Vorbild zu sein, denn das weiß er auch, daß es draußen ohne Herrschaft nicht geht. Einer wirds auf sich nehmen müssen, wird im Namen Christi, der dies gerade nicht wollte, in Gottes Namen, fragwürdige Obrigkeit sein. Er aber, der Athos, die Mitte, er nicht.

Er ist das Herz der griechischen Welt. Aber dies Herz will nichts wissen von Stellvertretung und Vollmacht, nichts von der allgemeinen Begier, Macht auszuüben und Herrschaft an sich zu bringen.

V

Es gibt alte und neue Schilderungen vom heiligen
Berg, aber nur ein Mal habe ich davon gelesen und
übrigens kein Mal gehört, daß jemand den Höhenweg ausging, der über den Rücken der Athos-Halb-
insel zehn oder zwölf Stunden lang führt und ungefähr bis zu tausend Metern ansteigt, wobei man
zu beiden Seiten das Meer und vor sich den Marmorgipfel des Athosbergs hat.

Das eine Mal, von dem ich gelesen hatte, war in
dem fast vergessenen Bericht des jungen Botanikers
August Grisebach, den wiederum Fallmerayer rüh-
mend erwähnt; die beiden waren, ohne von einander zu wissen, in zwei aufeinander folgenden Jahren auf dem heiligen Berg unterwegs. Das war um
die Jahre 1838 oder 1839, noch zu Caspar David
Friedrichs Zeit also.

Ich hatte mir diesen Höhenweg für meine zweite
Reise zum Vorsatz gemacht. Es war dies einer der
Gründe, weshalb ich das Boot schon in Esphigmenu
verließ, dem ersten Kloster der Ostseite, das übrigens zu den schönsten und ernstesten Klöstern des
Athos gehört. Nirgend sonst, auch nicht in Klöstern,
in welchen ich länger blieb und die ich mehr liebe,
fiels mir so leicht, die große Zeit des Athos in den
Blick zu bekommen: den Aufschwung, der erfor-
derlich war, um einen Riesenbau von so gesammel-
tem Ernste zu Stande zu bringen, von solcher Entschlossenheit, weitab von der Welt, zwischen zwei
Felsenwänden am Saum des geliebtesten Meers,

das hier von besonderer Bläue ist, wohl wegen sofortiger Tiefe, so daß man aus den Fenstern nichts sieht als die lauterste Bläue, aus der jeden Morgen der Sonnenball springt, während bei Ostwind die Brandungswellen wummernd gegen die Klosterwand schlagen: diese Außenwand, diese mit keinem Rückweg rechnende, sich zusammennehmende, unerbittliche Meerwand, in welcher die Fenster klein sind und ohne Gleichtakt auftreten, so daß man gleich sieht: da drinnen ist alles ganz anders.

In dem weiten Flur, der für die Gäste des Klosters gedacht war, traf ich nur einen einzigen Gast an, einen deutschen Studenten der Theologie, ersten Semesters, der es nicht für Raub hielt, die Klosterwelt im blauweiß, dann wieder im heftig rotschwarz gestreiften Ringelhemd zu besuchen: aber Hemingway, den er ohne Grenzen verehrte, trug das ja auch. Nämlich, in seinem ausgebreiteten Wandergepäck bemerkte ich neben einer Taschenausgabe der Bibel ein Bändchen Gedichte von Gottfried Benn, den Katalog einer Beckmann-Ausstellung und den »Alten Mann und das Meer«. Es war einer der Land- und Meerbefahrer, wie man sie jetzt allen Orts trifft, die den gesamten Erdball bereisen, als ob sie nur eben ins Nachbarzimmer einträten. Im übrigen gewann er meine Sympathie durch eine gleich zu Beginn unserer Bekanntschaft gemachte Bemerkung: es sei nichts los mit dem Trampen, überhaupt mit dem Fahren, weil dann die Anstrengung fehle und man, leicht erschöpft, stärker aufnehme. Er habe das erst neulich wieder in der Bodenseegegend bemerkt: von den kleinen Städten, durch die er gegen Abend, schon groggy, gekommen sei, trage er stärkere Bilder. Das gefiel mir natürlich, nicht nur weil es sich mit meinen und übrigens alten Erfahrungen deckte, sondern auch weil es einen Sinn fürs Paradoxe verriet, was immer gut ist. Ich schwankte, ihm zu erklären, daß, was er da von der Anstrengung sage, ein Theologikum sei, ließ es dann aber.

Wir hatten zusammen die Bohnensuppe mit reichlicher Ölschicht gelöffelt, die der Gastpater ausgab, und dazu ziemlich rasch den Wein des Klosters getrunken, einen Harzwein, der aufbraust und geschwind in den Kopf steigt, ohne weiter viel von sich zu machen, als wir auf die Galerien des Innenhofs traten. Von unten wuchsen Orangenbäume herauf. Der Student fragte: »Was sind denn das für komische Bäume?« Ich lachte und sagte, davon habe er doch schon gehört: »Im dunkeln Laub, die Myrte still und hoch der Lorbeer ... kennst du es wohl?« Doch er erwiderte: »Nö«, und es ergab sich, er hatte seiner Lebtage noch nichts von dem berühmten Gedichte gehört.

Es war Vollmond. Der Hof lag von der Hitze des Tages ermattet; wie nach Griechenland überhaupt, ist es gut, auf den Athos an der Schwelle zur heißen Zeit oder an deren Ausgang zu reisen, denn Hitze muß sein; erst in der Kelter der Sonne fangen die Dinge an, zum Reden zu kommen. Der Klosterhof war mit Mondlicht zum Überlaufen bis an die Rän-

der der Mauerzinnen gefüllt. Die Schatten der aus-
gedörrten Holzgalerien, ihrer sich überkreuzenden
Balken, Geländer und Treppen warfen sich auf die
Kalkwände und Bodenplatten noch einmal geister-
haft, aber wirklicher hin. Alles fing an zu sprechen:
das beinweiße Gehölz, von tausend Sonnen gedörrt,
der vernarbte Stein des Gewändes. Im Innenhof
fünf oder sechs Stockwerke aus Schwibbögen über-
einandergespannt, fast keine Mauer, fast keine
Substanz mehr, nur Übereinandergespanntes und
schwarze verschluckende Gaumen. Auf den Stein-
fliesen der Innengänge zerrten die Bogenschatten
sich in verblasenen Eiformen hin, einander nach-
eilend. Fangenspielende Schatten. Hier und dort
roter Öllampenschein, Licht, das irgendwo in den
Fluren aufgehängt ist für die uralten, schlaflosen,
zum Gottesdienst schlurfenden Väter. Da steht
einer im Bogen, lange, ohne auch nur die Hand zu
bewegen. Alles übertreibt sich, alles sagt mehr, als
es je beim Tage zu sagen vorgehabt hat. Die Kuppeln des Katholikons, der Hauptkirche, die auf
dem Hof steht, die fünf Kuppeln, Luftblasen im
Teiche der Nacht, schwellen auf, treiben unter der
Oberfläche des mondlichtgefüllten Klosterhofs hin.
Im Hofe das Weindach, aus dem herunter die
Trauben wie die Stierhoden hängen, eine neben
der andern. Auch Schattengespräch. Weinlaub über-
schuppt sich, wirft tiefe und tiefere Schatten, dop-
pelt sich, zieht sich ab, spielt sich noch Konturen
dazu. Eine Schildkröte im Flachen, schwimmt, steht
still, hebt den Kopf aus dem Wasser: Mondringe.

In den Vorhöfen, in den Mauergängen zum Meer, die nach uralten Festungsregeln angelegt sind, Fallgatter, Pechnasen, stehen Maultiere, schütteln sich, Glockengebimmel, wenden sich her, treten im schneeweißen Staub. Karawanengeruch.

Das ist Athos, das ist der Süden. Hier ist alles wie immer. Das ist das Ausgepreßte von tausend Jahren, hier gilt das Uralte. Hier ist es, daß man sich am Rande der Zeit hinbewegt. Hier ist der Docht der Zeit heruntergeschraubt, es wird nur ganz wenig verbraucht. Ein Schraubenzug noch, eine kleine Umdrehung, und man wäre ganz ausgenommen von ihr.

Am anderen Abend, während des Essens, hatte ich eine Unterhaltung mit einem Gendarmen des heiligen Bergs, der auf Streife war und im selben Raume wie wir sein Essen bekam. Er war aus Kreta gebürtig, was ich alsbald an der Mundart erkannte, und war, während ich dort im Jahr 43, im Krieg, als Soldat meine unkriegerischen Streifzüge machte, bei den Andarten, den kretischen Partisanen, in den Weißen Bergen gewesen. Es ergab sich, daß wir, obschon von verschiedenen Seiten, eine Reihe gemeinsamer Freunde besaßen. Im Verlauf dieser Unterhaltung trat eine kretische Erinnerung auf mich zu: an einen nächtlichen Aufstieg bei Vollmond auf den Berg Ida, der im Bandengebiet lag, den ich aber gleichwohl bestieg.

Durch diese Erinnerung belebt, schlug ich dem Studenten, der mit am Tisch saß, im Augenblick vor, durch die blaue Nacht über die Berge zu laufen, nach dem Dorfe Karyä, wohin wir beide ohnehin mußten, um uns beim heiligen Rat vorzustellen und um Klosterpässe zu bitten. Der Student, den seltenen Vornamen Velten tragend, was den Griechen als Valentinos einging, war sofort bei der Sache und gab sein Einverständnis mit der kuriosen Wendung bekannt, »das sei seine Rede ja schon seit 33 gewesen«, was übrigens wenig wahrscheinlich war, da er, wie sich auf Rückfrage ergab, erst im Jahr 35 das Licht der Welt erblickt hatte.

Nun war kein Augenblick Zeit zu verlieren, denn die Klostertore werden um zwölf nach dortiger Rechnung, das heißt alsbald nach Sonnenuntergange geschlossen und es mußte bald soweit sein. Wir packten, währenddessen beschrieb der Gendarm uns den Weg, erwähnte besonders, von einem gewissen Kreuzweg an könne man sich nach den Telefonstangen richten; einzelne reichere Klöster nämlich, in diesem Fall das serbische Chiliandari, haben sich eine Verbindung mit ihrem Konaki, dem Sitz ihres Repräsentanten in Karyä im heiligen Rate, geschaffen.

Wir durchschritten das Klostertor und hatten die Füße noch nicht auf den Weg gesetzt, den ersten der vielen trockenen, staubigen, steinigen Wege, die ich dieses Mal über die ganze Halbinsel und besonders den Süden, die Eremia, zu gehen gedachte, als wir unter der großen Platane beim Klostereingang einen Zug Maultiere mit ihren Treibern bemerkten; sie schienen sich gerade zum Abzug fertigzumachen. Holzfäller. Sie gingen in der Nachtkühle in Richtung Karyä, also in unserer Richtung. Das war gut, denn so ließen sich unsere Rucksäcke aufladen, die ziemlich schwer waren, wenigstens was den meinen betraf, der alles enthielt, was ich glaubte in fünf Wochen nicht entbehren zu können; das ist wesentlich mehr als man, wenn man wenig mitnimmt, entbehrt. Ein Achselhochheben und eine ausfahrende Handbewegung meines Begleiters verriet, daß er dieses Zusammentreffen für einen Beweis nahm, daß man halt Glück haben müsse; in der Tat ist das Schleppen nicht jeden Manns Sache.

Die Maultiere, die im Dunkel des Hohlwegs verschwanden, meldeten sich durch ihr Glockengebimmel. Ich begann eine Unterhaltung mit dem Anführer der Truppe, einem struppigen Mann. Er hatte sich im Albanienfeldzug, dem Heldenepos der neueren Landesgeschichte, eine schwere Schädelverletzung geholt und das rechte Auge verloren; dafür zahlte der Staat eine Rente, die nach unserem Geld monatlich vierzehn Mark fünfzig betrug. Ich hatte ein hartes Wort für den Undank des Vaterlandes zu seinen Gunsten bereit, doch er schlug mich damit, daß er sagte:»Was willst du, man muß den Preis der Freiheit bezahlen.« Denn Freiheit, dieses Wort, das, je weiter von uns aus nach Osten es geht, um so mehr Sinn, Leidenschaft und Zugkraft verliert, ist dort zu Land noch im ärmsten Herzen lebendig. Noch der Ärmste hat mit sich etwas vor. Dabei lebte der Mann getrennt von seiner Familie, Frau und vier Buben, um die siebzig Mark, die er im Monat verdiente, nach Hause schicken zu können.

Auf dem Meer und Kloster übersteigenden Hang war ein Anwesen, Haus, Ölwald und Garten, zu sehen, gut im Stand, mit den Maßen des Landes gemessen: ein Kellion, das heißt eine Zelle, also eine Zwei- oder Dreisiedelei, Zwischenform zwischen Eremitage und Kloster. Das Gehöft stand leer, wie der Holzhauer sagte. Es lag nahe, sich in dieser hinreißenden Landschaft, bei Bergblick und Meerblick, im Strahlkreis des Klosters, in der Geistesmacht dieses Friedensreiches, ein Leben zu träumen. Wie meilenweit aber wäre es davon entfernt, ein Leben zu sein, wie es auf dem Athos geführt werden will. Im Handumdrehen würde es eine Studierstube sein mit Büchern und Schriften, mit Sammlungen, mit Besuch und Freundesgespräch, mit Kammermusik und was dergleichen Tröstungen sind, wie sie uns blieben. Da verweilte man also im alten Zirkel und lebte auf dem Athos am Athos vorbei, schlechter als ein Mönch, der kein guter Athosmönch ist, und so wäre denn wenig gewonnen.

Wir stiegen jetzt den Ölberg hinauf. Die Sonne, von der Anhöhe verdeckt, war in Wolkenbänder gesunken, an denen perlenhaft Lichtschnüre hingen. Dahinter der Himmel war golden, über große strahlende Räume hinweg, Goldflüsse, Goldschlünde, auf denen das ewig unbesiegte, schattige Ölbaumgefieder genau und tausendfach lag.

Wir blieben stehen und staunten. Mein Begleiter bemerkte, es sei eine »lässige Sache«; ich wußte damals noch nicht, daß diese Bezeichnung zu den höchsten Orden, die er zu verleihen hatte, gehörte. Da jetzt auf der anderen Seite der weiße Vollmond aufging, erinnerte ich mich daran, wie Luvaris in einer ähnlichen Stunde den Mond mit Sappho-Versen begrüßte; doch war es unmöglich, sich darüber täuschen zu lassen, daß beide im Lebensalter so sehr von einander Entfernten so ziemlich dasselbe empfanden, nur daß dem Jüngeren daran lag, von seinen Gefühlen wie bei einem umgestülpten Strickhandschuh nur das Gegenmuster zu zeigen. Immerhin blieb das Muster dasselbe.

Als es dunkel war, begann einer am Ende des Zuges zu singen, die meisten hatten sich auf ihre Tiere gesetzt. Dieses griechische Singen mit Vierteltonschwanken und Immer-wieder-Zurückfallen auf einen lang ausgehaltenen Ton strömt starke Duftwellen von Orient aus und deckt sich weit mehr mit dem, was wir uns etwa zu Tausendundeiner Nacht als was wir uns zu Hellas gehörig vorstellen. Aber freilich, wer sagt denn, daß das, was wir uns unter Hellas vorstellen, wirklich das Richtige trifft? Wir selber sind darüber im Laufe der Zeiten höchst verschiedener Meinung gewesen, und man braucht nur mit einem Franzosen zu sprechen, um alsbald zu merken, daß sein Griechentum etwas vollständig anderes als das unsrige ist: das Netteste, Stimmigste und am glattesten Aufgehende nämlich, was es auf der Welt gibt, das Einsehbare schlechthin. Und jetzt eben wird, wenn nicht alle Anzeichen trügen, unsere Ansicht von Griechenland bald wieder eine andere sein.

Der Sänger war unermüdlich. Ob es abwegig ist, eine tiefe Melancholie aus diesen Liedern zu hören? Mir wenigstens kommen sie immer so vor. Der Text ist nicht traurig und Sänger und Hörer vergnügt, und doch scheint es sich immer um gebrochene Herzen zu handeln. Aber da stellt sich die Frage, ob nicht ein fremdes Ohr auch aus unserer Musik Schwermut vor allem anderen hört, und die weitere Frage, ob nicht Musik immer mit Schwermut versetzt ist? Auch Mozart; wie anders könnte er sonst über die Traurigen etwas vermögen? Es gilt doch wohl, daß Musik ohne das ganz unerträglich sein würde. Wie auch ein Mensch, dem Schwermut ganz fremd ist, so schwer erträglich, ja so unheimlich ist wie einer, der sie unverdeckt läßt und öffentlich darin versinkt.

Wie alle Athoswege ging auch unser Nachtweg immer hinauf und dann wieder hinunter. Er tauchte zuweilen in Tiefen ein, die mit kühlem Macchia-Duft ganz vollgefüllt waren; dann schien, wie in Meerestiefen, das Nachtgrün dichter als auf den Höhen zu sein. Um Thymian- oder Majoransträucher standen scharfumrissene Wolken, Duftwolken, in welche man eintrat; kein Windhauch, der solche Auren verwehte. Der Himmel, nicht tiefblau, wie er im Norden sein kann, war so sehr vom Mondlicht erhellt, daß nur die Sterne erster Ordnung durchdringen konnten. Fernherauf zirpten die Gril-

len, untereinander in halben Tönen verschieden, so
daß es wie Ruf und Gegenruf klang, ein Silber-
geschlurf und Silbergeriesel, hinauf und heruntergezogen, wie es beim japanischen Jo-jo-Spiel ist.
Ich fühlte mich an die Ankunft in Griechenland,
dieses Mal, vor zwei Tagen, erinnert. Eine Stunde
vor Thessaloniki gab es Maschinenschaden auf offener Strecke, nachts um halb zwölf. Wenn man
sich aus dem Fenster lehnte, sah man, wie sie vorn
an der Maschine Eimer voll Wasser gegens Ge-
stäng gossen: also ein heißgelaufenes Lager. Sie
turnten vom Fahrerhäuschen mit immer neuen
Eimern hinunter und gossen. Es blieb offen, ob
das die rechte Methode war, die Sache in Ordnung
zu bringen.
Es war fast Vollmond, und eine Schafherde zog
über die Steppe. Ich wußte, bei Vollmond sind die
Schafe auf keine Weise zu halten; daß Vollmond
und Sonne zwei verschiedene Gestirne sein sollten,
das soll man doch Andern erzählen. Der Schäfer
hat nur die Wahl, sich die ganze Nacht damit ab-
zuplagen, die Herde gegen Ausbruchsversuche im
Pferche zu halten oder ihnen den Willen zu tun. Er
wählt meist das letzte.
So trieb dieser die Schafe und war zufällig dort, wo
unsere Aussicht, noch an jenem Tag nach Thessaloniki zu kommen, zerrann; aber was ging ihn das
an. Er blies auf dem Rohr eine flatternde, traurige
und vor lauter Traurigkeit auch wieder ganz muntere Weise, wie gesagt, wer hälts auseinander. Kam
blasend, unsichtbar, mit seiner Herde heran, so nah,

daß man glaubte, ihn und die weißen Tupfen in jedem Augenblick sehen zu können, und man aus dem Wagenfenster angestrengt in das Dunkele sah, aber es war nichts zu erkennen. Bloß den Steppenrand sah man gegen den helleren Himmel, und das Trockene roch man, das Übriggebliebene vom glühheißen Tag, das Verdorrte, und drüben die mondlichtgerändelten Berge. Und immerfort das Geblase, näher, nah, dann wieder ferner, dann weg. Und das Glockengebimmel, hundert hohe, auf zwei oder drei dicht beieinander liegende Töne gestimmte Schafglocken, nicht gleichmäßig, sondern in Wellen, wie wenn einer, ein Steppentroll, im Halbschlaf träg am Wiegenband zöge, jetzt und dann wieder, um den Glockenbaum zum Erschauern zu bringen. Da wußte ich, daß ich wieder in Griechenland war.

Die Mehrzahl der Holzarbeiter, darunter der Sänger, waren auf einmal verschwunden, nach einigem Hin und Her, das ich nicht richtig erfaßte, abgebogen, und so waren wir leider ohne Abschied geblieben. Auch das Einaug verließ uns an einer rieselnden Quelle, aus deren Wasserspiegel das Maultier soff. Tiefe Stille.

Das Bewußtsein, in einem Reich niegebrochenen Friedens zu sein, war stark, vielleicht stärker als jemals am Tage. In sehr weiter Ferne waren die Laute des abgezweigten Trupps zu hören, Einaug schrie ihnen aus Leibeskraft etwas hinunter und lauschte; es kam kaum vernehmbarer Antwortschall. Ich trug ihm auf, von uns Gute Nacht und

Auf Wiedersehen zu sagen und der Gesang sei Erster Klasse gewesen; er schrie die wichtige Botschaft hinunter, indem er sich vor Schreien zusammenbog und die Leiste mit dem Unterarm einhielt; wahrscheinlich hatte er einen Bruch zu befürchten. Dann trennten auch wir uns. Ich lohnte ihn ab mit dem Bemerken, er solle dafür Hosen für seine zwei Jüngsten kaufen, er prüfte die Scheine einäugig im Mondlicht und meinte, es komme so hin.

Wir hatten von nun ab als Richtungsweiser die Stangen, es war ganz gut, sie zu haben. Nach und nach nahm der Waldbestand zu, Steineichen, auch die ersten Kastanien, die späterhin, gegen den Athosgipfel, ganze Wälder ausmachen. Auf einmal, wir waren auf eine freie Höhe gelangt, erkannten wir, beide im selben Moment, bei Hinsehn und zweitem Hinsehn die Gipfelkontur, mit einem Pinselzug dunkler in Dunkelbläue geschrieben.

Wir nahmens zum Anlaß, einen nächtlichen Imbiß auf Bergeshöhe zu halten. Wir hatten im Ganzen zwar nur einen Weg von fünf oder sechs reinen Gehstunden vor uns, gedachten aber, die Zeit nicht am Zaume zu halten. Wir kochten uns einen Mitternachtkaffee; in dem flachen Geschirr, aus welchem wir tranken: Ringe von Mondlicht. Da, wahrhaftig, vom Kloster Watopädi herauf war die knatternde Lichtmaschine zu hören, obwohl es stundenweit war, aber kein Zweifel, denn Watopädi ist das einzige Kloster, das sich diesen Neuzeit-Luxus gestattet und sich damit viel Geringschätzung zuzieht, so auch die unsere. Und da sah man ja auch in der Ferne am Küstensaum drunten das Nest von elektrischen Lichtern.

Auch vom Rastplatz aus war der Athosgipfel zu sehen; er zog, man nahm deutlich wahr, wie er zog. Von nun an war er nicht mehr aus dem Aug zu verlieren, auch nicht im Dorfe Karyä, wo er am zärtlichsten und am ruhendsten ist, und nicht auf dem weiteren, ihm entgegenführenden Wege, auch dann nicht, wenn man die steilen Abstürze im Süden ausgeht, im Ring um ihn herum, in den Einsiedlerfelsen.

Dann zogen wir weiter. Es mochte ein oder zwei Uhr nach Mitternacht sein und der Mond auf der höchsten ihm erreichbaren Höhe, als wir in der Wildnis auf Eingefriedetes stießen. Eine weiße Mauer war da, ein Haus oder Schuppen, alles unbewohnt, alles verlassen. Im offenen Söller eine Ölmühle, Mahlsteine, der Trog, auch der Göpel, an welchem der Esel im Kreis geht. Die Mauer schloß einen Ölgarten ein, der sich den Hang hinaufzog. Wir traten ein, Gras war, so hoch im Jahr, längst verdorrt. Weicher, federnder Boden. Im untern Bereich, um die milchigen Wände des Schuppens, zehn, zwölf ungeheuere Zypressen. Tiefe, gelassene Stille. Bergan Ölbaumgefieder, das von allem Laubwerk am treuesten und am geduldigsten ist. Mondlicht; sein Schatte am Boden. Und Jo-jo, Grillengezirp.

Nichts weiter. Wie immer auf Reisen, wenn man das Niewiederkommende hat: nichts Besonderes. Nicht einmal sicher, ob dieser Platz, dieser Garten am Ölberg, andern Tages bei Helle wiedergesehen, das Flutende noch gehabt hätte. Es konnte auch sein, daß uns, nach der Erfahrung meines Wandergefährten, Schwäche offener machte. Wer aber will sagen, daß es Täuschungen seien, denen man bei so gedrosselten Sinnen erliegt? Eher angetroffene Stunden, in denen das Eigentliche heraufsteigt, wie in Mondnächten vergrabene Schätze sich sonnen. Und ist es in solchen Momenten nicht so, wars nicht so in dem nächtlichen Garten, als habe man das alles schon lange einmal eingewohnt unverlierbar gesehn?

Wir durchliefen den Ölberg, gingen sein Viereck auf dem niederen Mauerkranz aus, standen lang, lang unter den nicht geheueren Zypressen. Eigentlich war es das Mondlicht, was in diesem Geviert am stärksten anwesend war. Milchflut, die von den Zypressen rann, troff und rollte wie Tropfen von Vogelgefieder. Flutende Flut, man spürte sie rinnen und ziehen durch Augen und Ohren und alles. Ohne Worte darüber zu wechseln, wußten wir, daß hier irgend etwas weit über das Schöne anwesend war. Hier war, was man eigentlich brauchte.

Aber was war es? War hier irgendwann einmal etwas geschehen, was noch verweilte, zögernd, eh es wieder verflog, und noch half? Hatte hier Einer sein Leben in solcher Einsamkeit und Entzückung gelebt, daß es die Ölbäume erinnernd, die Zypressen denkend behielten? In so gelöschter Entzückung, daß etwas vom ausgeglüht Reinen immer noch anwesend war? Vom Gelungenen eines nicht wie gewöhnlich abgefundenen, zu halbem Preis abgegebenen Lebens? Eines Lebens, so durchgehalten, wie es mit achtzehn Jahren gemeint war? Eines Lebens, das sich so leer gemacht hatte, daß es in jedem Augenblicke bereit war, aus dem Anderen, der Fülle zu leben? So aufgehalten, so schwach, so hingewölbt und geöffnet, daß es ansog, was einfallen wollte? Eines Lebens, das unter dem schrecklichen Drucke der Einsamkeit aufging wie eine Cereusblüte unter dem Muskeldruck ihrer Gelenke, den die Nachtstunde, ihre gekommene Stunde, gegen alle Widerstände erzwang?

Was war denn? Ich weiß nicht. Auf jeden Fall etwas wie das Hinausgehn auf eine Altane: ah, Nachtluft! ah, Sterne! Auf jeden Fall Austritt ins Freie. In jedem Fall Wunderbares, um dessentwillen man von jeher auf Wanderschaft ging. Da kommt man in abgewarteten Stunden, denen man jeden Preis nachsieht, dorthin, wohin man sonst nur im Katastrophalen gelangt.

Da wir, um nicht zu früh am Tag in Karyä anzukommen, die Morgenstunden auf einer Höhe verschliefen, Schlafsäcke gehören ja zum Gepäck dieser Zeit, war es schon heiß, als wir das Dorf liegen sahen. An einer Biegung des Weges, der nunmehr begangener war, stand ein Brunnen unter Platanengeäst, stark und kalt strahlend. Das Wasser ergoß sich in einen länglichen Steintrog als Tränke. Da ich die beschränkten Verhältnisse im Gasthaus im Vorhinein kannte, schlug ich vor, die Quelle zu mor-

gendlicher Wäsche zu nutzen. Aber um nichts für
ungut erscheinen zu lassen, keinen Brunnenmiß-
brauch und keine unerwünschte Entblößung, war es
wohl besser, von einem Punkt, von dem aus man
den Weg übersah, Wache, einer für den andern, zu
halten, wenngleich ich nicht zu denen gehöre, die
der christlichen Ära die Schuld an der beklagens-
werten Körperverachtung aufbürden, vielmehr
wohl weiß, daß dies ein Erbteil gerade des Alter-
tums ist, so widersinnig das klingt, und zwar eines
traurig gewordenen, der leibverachtenden Stoa.
Die Vorsicht war nicht vergebens. Ich stand Wache,
sah aus der Ferne, wie sich der kleine theologische
Freund der Morgenwäsche hingab, dann, in stür-
misch wachsendem Erfrischungsdrang, sich mehr
und mehr auszog, schließlich alles vom Leib riß,
ganz und gar in den Brunnentrog stieg, Tropfen-
fahnen in die Morgensonne und das Platanengrüne
verspritzend, und so die Szene jäh ins Antikische
schlug. In diesem Augenblick kam ein Priester ge-
ritten, gerade noch, daß ich nach links einen Warn-
ruf aussenden und nach rechts den Priester ablen-
ken konnte, bis Szene und Sitte wiederhergestellt
war. Nur daß der Vater nachher verwundert den
lachenbedeckten Brunnenplatz ansah und das
Maultier, das saufen sollte, schaudernd den Hals
vor der verseiften Tränke wegbog. Es dürstete lieber.

VI

Karyä ist das einzige Dorf auf dem ganzen heiligen Berg, das man mit einigem Recht ein Dorf nennen kann. Es gibt gepflasterte Gassen, es gibt einen Kirchplatz, man sieht kleine Kaufläden, Werkstätten, den Schuster, den Schneider, man kann einen Maulesel mieten, es gibt ein Wirtshaus, es gibt eine Post. Auch die Gendarmerie ist hier stationiert. Aber Karyä ist ein Dorf ohne Frauen, ohne Kinder, ohne Zeugung, Geburt und Vererbung. Ein Dorf und kein Dorf. So ist alles von einer gewissen Groteske umzuckt.

Auch Langeweile lag in der Luft, wie sollte sie nicht; Langeweile ist immer, wo keine reinen Bezüge mehr sind. Nicht umsonst hat Johannes Kassianus die Akedia, das ist die Verdrossenheit, die Schwermut, die Angst, eine der acht Hauptsünden genannt. In den strengen Klöstern, in den Einsiedeleien ist nicht an Leere zu denken.

Weltliche Organe gibt es auch in Karyä. Die Mönchsrepublik Athos hat einen Vertreter des griechischen Auswärtigen Amts, einen Generalgouverneur. Seit den Verlusten an Liegenschaften, welche die Klöster vor einem Menschenalter erlitten, da sie alles, was am Schwarzen Meer und im großen Rußland, auch in Bulgarien, Rumänien, Serbien, kurz in der weiten orthodoxen Welt lag, verloren, und da zudem nach der griechischen Katastrophe des Jahrs 22 säkularisiert werden mußte, um den kleinasiatischen Flüchtlingen, den ersten

Ostflüchtlingen dieses Jahrhunderts, Land zuzuweisen, ist der Athos hilfsbedürftig geworden, wenn man auch nur die Bauten im Stand halten will.

Luvaris — um jetzt wieder aus dem ersten Jahr zu erzählen — Luvaris kannte den Gouverneur, Herrn Konstantinos Konstantopulos, aus Athen, doch wußte der nicht, daß wir kamen. Wir zogen vom Kloster Watopädi auf Mauleseln in Karyä ein, als Herr Konstantopulos zufällig die Stufen eines Konakis herabkam. Er musterte uns, sprach zur Probe englisch, dann sofort deutsch, erkannte dann Luvaris, der als letzter im Zug ritt, und hieß uns auf die liebenswürdigste Weise willkommen.

Er empfing uns in seinem beneidenswert geräumigen Haus, das in einem Weinberg am Ende eines Zypressenwegs lag, innen aber, so ohne Frauenhand, nicht viel Wohnlichkeit hatte. Er sprach deutsch wie wir auch und hatte Bücher von Heidegger und Jünger um sich. Gleichwohl lag etwas wie zwischen zwei Urlauben in der Luft dieses Hauses; man kommt vom vorigen und spannt auf den nächsten, unverwechselbarer Soldatenzustand.

Das Militär, in Gestalt der Gendarmerie, spielte denn auch in Karyä eine nicht zu übersehende Rolle. Unser Freund, der Gouverneur, wurde, wenn er sein Haus oder das des heiligen Rates verließ, stets von einem Gendarmen begleitet; man konnte meinen, er brauche bewaffneten Schutz. Doch so war das keineswegs zu verstehn, vielmehr, der Pascha geht nicht allein. Der Soldat war Gefolg und Nachrichtenmann; er mußte jemanden holen oder einen Auftrag ausrichten, der sich aus dem Gespräche ergab, einen Besuch anmelden, zu dem man sich im Augenblicke entschloß, etwas Vergessenes bringen. Dann eilte der Söldner, für kurze Weile belebt. Da wir aber meist gingen und standen und angeregt sprachen, langweilte der Mann sich zum Sterben; ich war an die eigenen Soldatenzeiten gemahnt.

Der Gouverneur war ein äußerst liebenswerter, seiner Aufgabe mit Leidenschaft dienender Mann. Er besaß die mittelmeerische Wärme, die es möglich macht, sofort im gespannten, ja intimen Gespräch zu sein, als ob man sich jahrelang kennte: welch gute Lebens-Essenz. Während wir über den Platz schritten und der Polizist gelangweilt hinter uns dreinlief, erzählte er, sowohl sein Diener als sein Sekretär seien auf den Namen Thomas getauft, so daß, wenn er »Thomas« rufe, beide angerannt kämen. Die Lage werde neuerdings dadurch verschärft, daß der Polizist, der ihm persönlich zugeteilt sei, Thomas mit Nachnamen heiße. Also, wenn er jetzt »Thomas« rufe, drängten die Gläubig-Ungläubigen von allen Seiten herbei. »Aber schließlich, was will man«, so schloß er, »Thomasse sind wir ja alle … oli Thomades«, sagte er griechisch, und da uns die Wendung erheiterte und entzückte, hab ich sie so im Ohre behalten.

Was den Sekretär Thomas betraf, so war es nicht weniger wichtig, seine Gunst, als die des Gouverneurs zu besitzen. »Das Telefon ist kaputt« war immer die einfachste Lösung, wenn er irgend etwas veranlassen sollte, besonders da es meist wirklich kaputt war. Als ich im zweiten Jahr da war, war der Gouverneur noch auf Urlaub und der Sekretär, zweiter Mann, in seiner leuchtenden Phase. Ich hörte, wie er im Gasthof über die Last der Geschäfte und der Entscheidungen klagte; sechsundachtzig Problimata lägen vor, wiederholte er mehrmals.

Eins der Problimata, die dem Gouverneure auflagen, war der wachsende Fremdenbesuch. Seit Jahrhunderten rechnet man mit Pilgerverkehr, und als Pilger wird, wer kommt, aufgenommen. Es ist aber nicht zu verkennen, daß sich nachgerad unter die Wallfahrer mehr und mehr Reisende mengen; wir selber hatten uns die Gewissensfrage zu stellen, ob wir zu diesen oder zu jenen gehörten. Als ich später meinem Freund Venediktos, Gastpater meines Lieblingsklosters Dionysiu, die Frage vorlegte, ob er mich zu den Pilgern oder zu den Reisenden rechne und er nach eigenem Nachdenken meinte, »halb Proskynet, halb Perieget«, war ichs schon durchaus zufrieden.

Die Amerikaner kommen vor allem, um zu fotografieren, »mit ganzen Maschinen rücken sie an«, wie Pater Athanasios im Kloster Iwiron klagte.

68

Die Franzosen, da habe vor kurzem Einer ein Buch über den Athos unter dem Titel »Le pays sans femmes« geschrieben; das also, meinte traurig der Pater, habe auf diesen Menschen den tiefsten Eindruck vom ganzen heiligen Berge gemacht. Was die Deutschen betreffe, so seien die meisten von jeher wegen der Fresken und der alten Bücher gekommen, auch als Botaniker, Geologen und Urkundenforscher, jedenfalls um der Wissenschaft willen. Oder sie kämen als Krieger, was neben der Historie und der Philologie bekanntlich ihre andere Leidenschaft sei. Bloß, wer komme als Pilger?

Jetzt, sagte der Gouverneur, sei aus Deutschland und Frankreich eine neue Spezies häufig: kurzhosige Tramper, die sich mittellos durch die Welt schlügen und für die der Athos ein Hotel ohne Hotelrechnung sei. Nun, die Landplagen wechseln. Allzu Kurzhosigen habe man wohl, um des Anstands willen, das Betreten des Landes verwehrt, mit nicht besonders gutem Erfolg, bei ihrer gewürfelten Hartnäckigkeit, wie er meinte. So habe unlängst ein junger Deutscher den heiligen Berg in den abgeschwätzten, geliehenen langen Hosen eines Polizisten bereist, eben des Polizisten, der ihn bei Ankunft im Hafenort Daphni hätte zurückschicken sollen.

Die Ausstellung unserer Klosterpässe ging, bei solchen Beziehungen, ohne Schwierigkeiten von Statten. Der Vorsaal des heiligen Rats in Karyä war, wie alle ähnlichen Räume, kaum möbliert und besaß eigentlich nur eine ringsherum laufende gepolsterte Bank, den persischen Diwan, nach welchem der Raum und die Versammlung, der er dient, heißt. An den Wänden Ikone.

Wir saßen und warteten, ohne Luvaris, auf unsere Papiere, die berühmten Geleitbriefe, die wortreich und feierlich sind und nach uralter Weise einen zusammengesetzten Stempel bekommen, von dem jeder der vier mönchischen Räte nur ein einzelnes Viertel besitzt. Man ist welterfahren genug, um die Ausgabe der Pässe etwas spannend zu machen.

Wir warteten also und rauchten, als einer der Ratsherrn durchs Zimmer ging, ein kleiner und alter, vergnügt, gütig, weißer spitziger Bart, zylindrischer Rundhut; nicht zu leugnen, daß er wie ein Magus aussah. Da er annahm, daß wir kein Wort Griechisch verstünden, gab er eine kleine Pantomime zum besten, um uns zu belehren, daß das Rauchen in Anwesenheit der heiligen Bilder, das heißt in Griechenland aber der Heiligen selber, unschicklich sei. Er begann also, pantomimisch zurückgelehnt, im Stehen die Arme verschränkt, in Seelenruhe zu rauchen, dann erblickte er die heiligen Bilder, dann erschrak er, verfiel in ein heftiges Zittern, dann zerknüllte er die eingebildete Zigarette, dann verbarg er einen eingebildeten Vorrat von Rauchware und ein eingebildetes Feuerzeug in den Falten seiner Soutane, deutete hastig bald mit dem Zeigefinger der einen Hand, bald mit dem andern, dann mit dem Daumen über die Schulter von rückwärts auf die Ikone, stellte zwischendurch immer wieder

durch Augenzwinkern und Lächeln die Sympathie
zu uns, seinen gebannten Zuschauern her, und das
ganze Lehrstück führte er auf, während er sich in
die Türe zurückzog und dort schon zur Hälfte verschwand, wodurch die Szene, wie jeder erfahrene
Schauspieler weiß, eine Art komischer Pressung
gewann.

Es konnte, bei der Eigenart dieses Undorfs, nicht
überraschen, daß das Wirtshaus, das einzige auf
dem meilenweiten heiligen Berg, nicht das wohn-
lichste war. Die Fensterscheiben waren zerbrochen,
die Wasserhähne spendeten nur, wenn sie wollten,
die Eßstube ein Ort der Verstörung. Totale Män-
nerwirtschaft. Besitzer und Geschäftsführer war ein
Mönch, natürlich, wie ja auch Mönche die kleinen
Gewerbe betrieben, die Schuhe besohlten, das
Schneiderhandwerk ausübten.
Gleichwohl verbrachten wir in der Gasthöhle muntere Stunden. Der Gouverneur lud uns dorthin als
in die einzige Möglichkeit ein; der Wein, ein hellroter, geistvoller, ungemein stürmischer Harzwein,
war ohne Zweifel bedeutend. Die militärischen
Spitzen erschienen, der Leutnant der Gendarmerie,
ein fescher Salontyp, der sein Kommando auf den
heiligen Berg als das Schlimmste ansah, was ihm
zustoßen konnte; er verfiel den Abend über, je
mehr er der Mädchen, die fehlten, gedachte, in
immer tiefere Trauer. Sein Hauptwachtmeister, der
aussah wie alle Hauptwachtmeister in allen Armeen
der Welt, erwies sich als überraschend belesen und

ließ, ein Grieche, nicht den geringsten Scherz un-
aufgefangen, nicht die geringste Anspielung unbe-
glichen zurück. Auch er war im Krieg bei den
Andarten, den griechischen Partisanen gewesen und
ließ mehrmals merken, daß er vermutete, mein
Griechisch hänge mit der deutschen Besatzung zusammen; doch schwieg ich darüber. Einmal jedoch,
als er einen Standort in den Bergen bei Delphoi
beschrieb, den er im Jahr 43 gehabt habe, und wir,
aus beiderseitiger Kenntnis der Gegend den Platz
näher und näher umschrieben, behauptete ich:
»tote sas ida, damals hab ich dich doch gesehen«,
womit denn alles am Tag war.

Wir verbrachten, aus mir nicht mehr deutlichen
Gründen, mehrere Tage in Karyä, wahrscheinlich,
weil wir immer neue Einladungen hatten. So waren
wir einen Abend im Konaki des Gesandten vom
serbischen Kloster Chiliandari, wo wir an langer
Tafel zu Vielen im Kerzenschein aßen, denn auch
Karyä hat kein elektrisches Licht. Die Gesellschaft
war aus vielerlei Nationen zusammengesetzt. Mit
einem Professor der Kunstgeschichte aus Belgrad
besuchten wir andern Tages ein Malerhaus, in dem
Künstlermönche Ikonen herstellten; sie besaßen
auch eine Sammlung alter Ikonen.
Es ließ sich bei diesem Besuche erkennen, daß die
Malermönche eine verschwiegene Neigung für die
italienische Hochrenaissance hatten, also das genaue Gegenteil und den Abfall von ihrer eigenen
Kunst. Man sah da und dort Postkarten und

Drucke; neben Ikonen-Madonnen stellten sich Damen von Raffael ein, Paolo Veronese und Correggio besaßen magnetische Kraft. Für diese Erben der gebundenen Kunst war die Renaissance so etwas wie eine Versuchung: rührend fast für uns Westler, denen sie nun gerade keine Versuchung mehr war. Zwei oder drei Male im Laufe der Wochen bekamen wir sogar die büßende Magdalena von Guido Reni zu sehen, diesen Schmachtfetzen, dessen Erfolg daher kommt, daß er von der Buße redet und Busen zeigt, welch wirksame Mischung. Nun macht dieses Mädchen, das bei uns zu Land nur mehr wenig Glück hat, noch den Athosmönchen zu schaffen.

Luvaris pflegte in der Abenddämmerung, ich hingegen bin es gewohnt, morgens im halbwachen Zustand von Melancholien befallen zu sein. Wir erwogen, daß es dieselben Dämonen sein könnten, die abends bei ihm, morgens bei mir Dienst hätten, dazwischen hätten sie frei. Übrigens war Luvaris, was ihn im befallenen Zustand liebenswert machte, bemüht, sich dann unsichtbar oder doch unauffällig zu machen; einmal war er zwei Stunden verschwunden und wir fragten uns schon, wo er eigentlich sei, als er wieder auftrat und aus mehreren Zeichen hervorging, daß er versucht hatte, die Gespenster mit Wein zu bekämpfen. Er war sichtlich erfolgreich gewesen.

Wir saßen damals beim Gouverneur im südlichen Abend auf dessen Balkon. Luvaris erzählte sodann wie aufgezogen Geschichten über Geschichten, deren ich eine ins Herz schloß. Er habe, so schilderte er, einmal den japanischen Gesandten nach Tinos geladen; die Kykladen-Insel Tinos war Luvaris' Heimat, an der er sehr hing; keiner von Luvaris' Freunden entging auf die Dauer dem Schicksal, die Insel Tinos zu sehen. Vom Hafenort Tinos in Luvaris' Bergdorf hinauf muß man einige Stunden zu Maulesel reiten. An einer etwas schwierigen Stelle wollte der Gesandte den Esel zur Vorsicht ermahnen; da er fürchtete, daß ein so griechisches Tier einer japanischen Zurede nicht zugänglich sei, flüsterte er, sich vornüberbeugend, dem Grauen zweimal beschwörend ins Langohr: »Attention, mon enfant!«

Für Luvaris und einen von uns, es war Roderich, hatte der Gouverneur ein Quartier in einem einzelnen, ziemlich weit drunten am Berghang gelegenen Gehöfte besorgt. Roderich war von dieser Behausung entzückt. Ich bekam sie an jenem Abend zu sehen, als ich die beiden durch die Spätsommernacht heimbrachte. Ein Mönch, dessen Name mit großer Achtung genannt war, wohnte dort einsam; seine Gäste bekamen ihn, wenn ich recht bin, die ganze Zeit über nicht zu Gesicht. Aber jedesmal bei der Heimkehr war von unsichtbaren Händen alles in Ordnung gebracht.

Karyä liegt über die halbe Höhe des Berghangs verstreut. Vom Kirchplatz ging man zwanzig Minuten zu jenem Gehöfte hinab. Der Weg war nicht einfach zu finden; es ging durch Haselbüsche, was eben Karyä heißt, durch Weingärten und Ölgärten. Brunnengeplätscher und Grillengezirp. Eine Lampe war für die Gäste als Wegleuchte ins Fenster gestellt, man sah sie von ferne. In dem reizend unübersichtlichen Anwesen mußte man über Winkel und Höfe und außenliegende Holztreppen gehn, um in die Zimmer zu kommen, in denen die Gastlager mit den bunten Ziegenhaardecken bereit waren. Das Weiße der Mauern schien bläulich im Mondlicht, die Silberfransen des Meersaums wanden sich bis an den Horizont hin. Der Athosgipfel, die große Ziffer der Landschaft, trieb auf Hügelwäldern dahin.

Die Behausung war merkwürdig dadurch, daß hier die Leere von Karyä mit einem Mal gutgemacht war. Hier war Ruhe und Ankunft, wer hätte es nicht gleich gespürt. Hier war alles erfüllt, schon die Hauswand im Mondschein, das Weglicht, die Treppe.

Es ist sicher, daß der Athosgipfel dazu das Seine beitrug. Hier konnte man sehen, wie gut man im Schutz eines Bergs leben kann. Eines solchen Bergs freilich. Eines Berges, bei dessen Anblick sich mehr als der Gedanke an Erstbezwinger und Gipfelstürmer einstellt und was sonst das leistungssüchtige Herz des Westens an so einem Berg hat, das schwache, denn es ist natürlich ein Zeichen von Schwäche, wenn man sich nur durch Leistung erhält.

Man muß, wenn man aus der Unruhe des Westens auf den heiligen Berg kommt, ziemlich weit unten anfangen. Erst nach Wochen, in denen ich in seinem Umkreis ein paar hundert Wegstunden gegangen und zu seinem Gipfel aufgestiegen war, zur Verklärungskapelle, erst nach Wochen, als ich ihn zu kennen begann, seine kühle Ausgeruhtheit am Morgen, seine Schlankheit, seine Schweigekraft, seine marmorne Frische, seine Fähigkeit, jedesmal wie zum ersten Male gesehen zu sein, seine Wolkenräusche und seine rosa Entzückung: da erst begann ich zu merken, welchen Kraftstau er hat.

Zu ihm ist viel aufgeblickt worden: wie vieler Augen Blicke, die er ein Stück mit hinaufnahm, und wie gelassener Augen. Viel wurde an seinen Hängen gehofft, viel an ihm gehangen; da war immer viel Übung des Glaubens. Hier wurde der Glaubensmühe viel Heimat geschaffen. Das hat ihn kräftig zu einem heiligen Berge gemacht.

Ja, unter ihm kann man wohnen. Es ist dann nicht irgendwo, daß man wohnt.

VII

Auf einer Barke, die zwischen den dicht gelegenen Klöstern des Westufers verkehrte, näherten wir uns dem Kloster des heiligen Dionysios, auf das wir ein gutes Vorgefühl hatten. Und wirklich, es wurde dasjenige Kloster, das wir am liebsten gewannen.

Dionysiu ist der allermerkwürdigste Bau unter so vielen merkwürdigen athonitischen Bauten. Der Typus Felsenkloster ist hier am reinsten. Schon als ich zum ersten Male ein griechisches Felsenkloster erblickte, das war auf der Insel Patmos mitten im Krieg nach einer nächtlichen Landung im ersten Apfelblütenrosa des Morgens, fiel mir die Ähnlichkeit mit tibetanischen Felsenklöstern ins Aug. Hier in Dionysiu lag sie am Tage. Oder war es nur das Gefühl, Ähnliches irgendwo schon einmal gesehen zu haben —: jenes bekannte, auf Traum und auf Wiederkehr bezogene Gefühl, das uns Wunderbares ohne Erregung sehn läßt, als rücke Kinderland ein?

Dionysiu ist gelb, ockergelb, mit grauen Steinplattendächern. Mitten im dichten Gedräng von Gebäuden sitzt ochsenblutrot, turmlos, gluckenhaft, keineswegs höher als die Gebäude, die Kirche wie ein Herz mit blutroten Kammern und Buchten.

Doch kann man das nur vom Gebirg aus erkennen, wenn man von oben herab zum Kloster gelangt. Vom Meer aus baut sich Dionysiu so auf: ein kiesiger Strand, ein niedriger Felsen, dann schießt in Kirchturmhöhe ein viereckiger Mauerklotz auf.

Oben hängt wie ein Schwarm das Genist, das Gebau und Gewohne. Natürlich ist auf der engen Felsenplatte nur wenig Platz; also wagte man, unter den Boden der überhängenden Häuser noch einmal Häuser zu hängen, die nun wie Tropfen an einem Gefäßrand unten hinlaufen, unregelmäßig, wie solche Tropfen es tun. Aber dann war immer noch nicht genug Platz; es müssen Zeiten gewesen sein, wo immer mehr Mönche andrängten, nicht wie jetzt, wo nur zwei oder drei Dutzend im Vogelnest hausen. Also hängte man von oben her noch ein achtes und neuntes Geschoß an die überquellenden Zeilen, immer von oben nach unten, und stützte mit schrägen Stützbalken in den aufragenden Felsklotz hinein.

Der Flügel, der für Pilger bestimmt war, besaß einen Konversationsraum, in dem wir uns manchmal aufhielten, zum Beispiel indem wir dem Mangel an Frühstück, an welchem den Süden bereisende Deutsche schwer tragen, dadurch abhalfen, daß wir eine mitgebrachte Dose aufmachten, wobei uns leider mehrmals der dienende Vater ertappte. Dieser Eckraum, der die ringsherum laufende Polsterbank hatte, also den östlichen Diwan, schwebte hoch überm Abgrund und war infolge seines vielhundertjährigen Alters stark nach der äußeren Ecke geneigt. Eine leere Schachtel von Kohlekompretten, die wir zur Probe auf den Fußboden stellten, rollte in flottem Tempo eckab. Eine unsichere Bleibe. Doch beruhigte uns später der Gouverneur mit der Nachricht, es seien bereits die Gelder zur

Stützung dieses Flügels von Dionysiu bewilligt; wären wir also mitsamt dem Eckraum in die Tiefe gegangen, so wäre es rein verwaltungsmäßig ohne Bedeutung gewesen.

Der Umbau, von dem der Gouverneur sprach, war natürlich nur Flickwerk, welches den alten Charakter des Klosters beließ. Aber merkwürdig, das Bauen in diesen Klöstern war durch ein Jahrtausend nie etwas anderes als Flickwerk gewesen. Immer war es nur vorläufig, immer vorübergehend, und es hatte, eben damit, ein lebensvolles Jahrtausend bestanden, auch eine Überzeugungsstärke gewonnen wie geplante Bauten nur selten. Es war also das Gegenteil unseres Bauens, da bei uns jeder Bahnhof, jede Bank ihr eigenes Denkmal und unsterblich sein will. Uns fiel auf, daß auf alten Fotografien, die wir zu sehen bekamen, ganze Bauteile fehlten, oder andere, die jetzt fehlten, waren ehemals noch da; auch hatte man mit Beton zugebaut. Es war alles in immerwährendem Fluß; man war keineswegs zimperlich in der Erhaltung des Alten. Und doch war kein Zweifel, daß der Baugeist des Klosters immer derselbe und immer noch anwesend war.
Solche Klöster und Kirchen sind nicht für die Dauer, nicht für die Herrlichkeit und nicht für den Ruhm einer triumphierenden Kirche gemacht. Sie verbergen sich eher, als daß sie hervortreten, sie ducken sich, anstatt sich zu erheben. Hinfälligkeit ist der Mörtel, mit dem sie gebaut sind, Vergäng-

lichkeit ist in sie eingebaut wie eine immer tickende Uhr. Immerfort scheint ihr letztes Jahr und ihre letzte Stunde zu sein; der Gedanke der Unsterblichkeit ists, dem sie abgesagt haben.

GOLDVERLIES

Das Beste, was Dionysiu besaß, war ein kleiner Kirchenraum neben der Kirche, den man zu den Horen verwandte. Ich entdeckte ihn, als ich vom Gästeflur durch ein Fenster, das nicht ins Freie ging, blickte. Der eine Flügel war angelehnt, ich öffnete ihn, da strömte mir Dunkel entgegen, Weihrauch, heimliche Wärme, und nun sah ich auch das schimmernde Ewige Licht.

Viel ist nicht zu beschreiben an dieser Kapelle, die doch zu dem Allerschönsten gehörte, das ich auf dem Athos überhaupt sah: einer der Punkte, die man in eine imaginäre Landkarte einträgt, worauf sich alle Orte befinden, an welchen wir wie Gulliver an seidenen Liliputfäden an dieser geliebten Erde festgepflockt sind.

Der Raum war höher als seine Länge und Breite, denn die war bloß etwa vier Meter, nach jeder Richtung gemessen, ohne Fenster ins Freie, und hatte den Umriß eines vierblättrigen Kleeblatts. Die Höhe des Raums mochte das Doppelte haben.

Es war aber im Kapellenraum keine Handbreit, die nicht von zarter vergoldeter Arbeit bedeckt war: durchbrochen rankendes Holz, auch Gemaltes,

Heiligenbilder. Die schmalen Türflügel eingelegte Arbeit aus Schildpatt, Horn und mehreren Hölzern. Man kennt das Musikalische, Instrumentale, das altes Holz schafft; es gibt keine räumlicheren als eben hölzerne Räume. Stein stellt was dar; wer Macht zeigen will, Auftrag, Ruhm, auch Besitz, muß Stein zeigen; Stein weist auf die Unsterblichkeit hin. Das ist Repräsentation. Holz aber, Gewände, worin das Laubgeflüster noch wohnt und noch die Gefiederten hüpfen: im vergänglichen Holz ist Wachstum, ist Trieb, bildgewordene Jahre. Holz ist Musik und so Trost.

In dieser Kapelle fanden die Horen, die Nachtfeiern statt. Was Nacht ist, war in diesem Goldverlies tiefer nächtlich gemacht. Die Innenseite, keine Außenseite war glänzend; die Träume wohnen ja auf der Innenseite der Lider. Jeder Gottesdienst eine Hymne der Nacht.

FRÜHMETTE

Die Stundentrommel, das hölzerne Schlagbrett, wird zum Beginn der Horen geschlagen, so zum Mitternachtdienst, so zum Orthros, der bald danach ist, so zur Proti. Der Hammer macht auf dem Zypressenbalken schnelle hohe und tiefere Töne, je nachdem ob der Schlag in der Mitte oder mehr am Rande auftrifft. Der Mönch trägt den Balken vor sich. Während er trommelt und geht, hallt es von da und von dort durch die Nacht, kommt näher, verzieht sich, wird von dunklem Torweg verschlungen. Das ist der Gebetruf des Athos: viel Osten, viel Wüste. So knöchern. So dürr; aus dem Herbarium von zehntausend immer und immergleichen Nächten genommen. Und doch, welche Fangkraft in solchem Geklöppel. Ein Netz, das Einen schon fängt.

Wie eine Spitze webt sich das Trommeln in den Schlaf und den Halbschlaf hinein, ein Rapport nach dem andern. Der Mönch, der das Simantron schlägt, geht über die Holzgalerien, die Treppen, die nächtlichen Schluchten; so schallt der hölzerne Psalter bald nah, dann wieder verhallt er. Wie eine elfenbeinfarbene Spitze heften die hölzernen Strophen sich energisch auf den schwarzen Wollstoff der Nacht; in der plötzlich folgenden Stille schießt jede zu kristallenem Satze zusammen.

Man steht auf, es ist ohnehin heiß in den Stuben, zwei Kleidungsstücke, man tappt die Gänge entlang. Hier und da an der weißen Wand eine Funzel, Galerien, hölzerne Treppen. Der Klosterhof, nur ein Schacht um die Kirche, gibt gestirnte Nachtbläue frei.

Der Kreuzgang hat eine hölzerne Decke, die aus Gold und aus Blau und aus Rot zu kleinen Teilen zusammengesetzt ist, ganz persisch. Flach und niedrig, ist sie wie jede richtige Decke Paradieses-Darstellung und Himmel-Ersatz. Einzige Möglichkeit, sich vor dem Sturz ins Fassungslose zu retten.

Mythos: Glück und Weisheit der Völker. So wird Leben erst möglich. Und alles eingewohnt, eingewohnt. Du brauchsts nicht alleine zu leisten, es haben schon Viele vor dir dies Leben ausgehalten, ertragen.

Auf den Stufen zur Kirche kauern schwarze Gestalten. Die Nacht ist heiß, das Flimmern der Sterne könnte vom Aufstrom der Tageshitze herkommen. Drinnen hat schon die Hore begonnen, vom rechten Psalterpult liest ein Mönch einen Text. Da und dort Lichtschein, nur Funken. Die Kirche hat keine Länge, nur Mitte und Höhe. Lampen glitzern; nach Regeln, die man unmöglich durchschaut, wird bald diese, bald jene heruntergezogen, angezündet, gelöscht. Kleine Scheine; nur so viel, daß man Mitternacht anschauen kann. Licht, das in der Finsternis leuchtet: hier wird aus wenigen biblischen Versen gelebt.

Vor einer silberbeschlagenen Ikone wird eine Kerze entzündet, Silber und Farbendunkel glänzt eine Weile im Schein. Andere Leuchten sind Glocken, man sieht den Lichtschein als Sichel, da man aus der Schräge hinblickt, schmale und schmälere Sicheln, die fernern sind Monde.

Ein Diakon versieht den Dienst an den Leuchten. Wie er eine Lampe ansteckt, neigt und dreht er den Kopf, um von unten den Docht zu erkennen, blinzelt, der milchige Schein fällt auf die Bartkrause und das unausgeschlafene Gesicht. Mir fällt ein, daß ich sein Beugen und Blinzeln und das Unausgeschlafene genau so im vorigen Jahr sah.

Wie er zurücktritt, fließt Licht auf eine Marmor-
rose im Boden, die zehntausend Mönchtritte schlif-
fen. Die Rose scheint auf. Wie eine Meduse wallt
sie aus Meerestiefen empor, jede Nacht für ein,
zwei Viertelstunden gerufen.

Indessen Singen und Beten und Lesen. Von einem
Psalterpult Verse und Gegenverse vom andern.
Aus der Bilderwand tritt der Priester. Säulenwand,
Bogentür, Vorhangraffen: es ist die Skenenwand
der antiken Tragödie und der Priester der Erbe der
tragisch-antiken Person. Bilder und Weihrauch und
das Sakramentale; Götterwelt, die jetzt Gotteswelt
ist. Gottesdienst, der sich in den alten unterir-
dischen Mysterienräumen vollzieht. Denn das Licht
ist nur im Dunkeln zu sehn, nur im Dunkeln erblickt man das Licht. Das Helle der Welt ist das
Dunkle. Wurde es nicht schon in der alten Tragödie
gesagt? Nichts verraten, alles weitergesponnen.

Es scheint, die Mönche lieben die Nacht. Wie die
Maulwürfe wühlen sich die Uralten durchs lockere
Braune, durch die Muttererde der Nacht. Ein
Dienst folgt dem andern, von der hölzernen Klap-
per gemeldet. Das Heilige, sie stellen es gern wie-
der her, immer wieder und wieder, indem sie dem
Wort eine Stille bereiten. Das Heilige walten zu
lassen, Hymnen wie Blumen aneinanderzureihen in
der Stille der Nacht, das scheint diesen Vätern das
Liebste.

Das ist die Erfahrung auch, die man in so einem
Gottesdienst macht, sicher nicht jedesmal, sicher

nicht immer: daß man in eine Zone tiefer Meeres-
stille gerät. Unendlicher Glanz auf den Flächen.
Man tritt einen Schritt ins Freie hinaus. Ah, frische
Luft, tiefes Atmen. Man tritt aus der Zeit.

Erfüllung wird immer am Paradiese gemessen:
was sollte sonst Paradies sein? Man könnte wohl
einen anderen Namen erfinden, aber irgendwie
muß man den Zustand der Ankunft ja nennen,
warum also die alten Bilder verlassen? Ein Teil
unserer Gottverlassenheit wird es wohl sein, daß
wir uns den alten Metaphern verweigern.

Ob also das Paradies als Garten und der Himmel
als Engelchor gedacht werden soll oder nicht soll:
Paradies und Himmel sind eben Erfüllung und Leben, so daß es nicht mehr der Neuigkeiten bedarf.
Und so ist Hesychia, die gelassene Stille, das große
erfüllte athonitische Wort, das man so oft wie
nirgend anderswo, aber niemals ohne den Klang
hört, der Echtheit anzeigt, wie bei einer goldenen,
zur Probe auf den Tisch geworfenen Münze.
Hesychia, die Ankunft, die unendliche leuchtende
Stille.

LITURGIE

Weiß man den Grund, warum Kinder ein solches
Verlangen nach dem Festgelegten, nach dem sich
Wiederholenden haben? Immer wieder muß man
das Märchen erzählen, dasselbe Märchen. *So* muß
es heißen, *so* muß es sein. Kein Satz darf sich ändern, die Reihenfolge muß stimmen. Das ist die

Lust am Geprägten, wenn das Goldstück dem Prägstock entrollt, eins wie das andere. Eben dort ist wohl auch das Glück des Reims und des Kehrreims zu suchen, auch Homers fester Formel. Wiederkehr schafft kleine Lust. Und immer erhöhte; Goldstück legt sich auf Goldstück, ein Turm, eine Rolle, so wird wiederholtes Glück immer höher und höher das ganze Leben entlang. Neben dem Drang, die Welt zu gewinnen, liegt ein eingeborener Drang, immer Selbes aus uralten Formen zu prägen. In Riten fühlt die Seele sich wohl. Das sind ihre festen Gehäuse. Hier läßt es sich wohnen, in den dämmerigen Räumen, die das Liturgische schafft. Hier stehn die gefüllten Näpfe bereit, die Opferschalen der Seele. Hier fährt sie aus, fährt sie ein; gewohnte Gaben, gewohntes Mahl. Der Kopf will das Neue, das Herz will immer dasselbe.

BIBLIOTHEKAR IM VOGELBAUER

Ich traf den Pater Evthymios, der aus der Liturgie kam, und er lud mich, übernächtig und nüchtern, in seine Zelle hinab. Er bewohnte den am weitesten unten hängenden Tropfen, der sich noch tiefer angehängt hatte als das Krankenrevier, das sonst am untersten war. Pater Evthymios war dort wie in einer Gondel zu Haus; eine wackelige Glasgalerie hatte am Ende zwei Räume: Vogelbauer überm schäumenden Meer. Gerade legte das Schiffchen an, die Nußschale.

Der alte Herr, von hagerer Gestalt, siebzigjährig, war der Bibliothekar des Klosters, schrieb auch und bewegte sich in mehreren Sprachen, darunter im Deutschen, das freilich splitterhaft war. Der Pater war kein angestammter Hagiorite, erst durch den Verlust Trapezunts hergekommen, jener urgriechischen Kolonie am äußersten Ende des Schwarzmeers, die Fallmerayer beschrieb. Aber 1916 die Russen und 1922 die Türken: jetzt ist da nichts mehr zu beschreiben. Trapezunt ist eins unter dem Vielen, was das vorrückende Asien verschluckte, ein Verlust, der dem Verluste Rigas oder Dorpats gleichkommt oder dem der homerischen Küsten. Es ist dann immer dasselbe: das reiche Gelände um Smyrna ist jetzt verarmt, wird nur noch von einem Fünftel im Vergleich zu früher bewohnt und die ehrwürdige Stadt trägt diesen lachhaften Namen »Ismir«, was: eis Smyrni, »zu Smyrna« bedeutet, etwa so wie die Münchener von ihrer Stadt »z'Minka« sagen und wie ja auch Konstantinopel, die Polis, Istanbul, eis tin polin, »zur Stadt« heißt. Asien schluckt aus magischen Gründen, so wie die Kannibalen vom weißen Mann essen, um seine beneidete Kraft zu erwerben.

Der Verlust Trapezunts fraß denn auch an Pater Evthymios' griechischem Herzen, und so weilte er in der Geschichte, die ihm Legende und Gegenwart war. Pater Evthymios, ein Selbstspötter, gefiel uns, weil er seine Wissenschaft nicht so wichtig nahm; er hatte eine gewisse Art, über seine gelehrte Arbeit wie über ein etwas närrisches Hobby zu sprechen. Auch zeichnete er seine Zeitschriftenaufsätze nicht mit dem Namen, das war gegen die mönchische Sitte, sondern nur mit dem Anfangsbuchstaben und dem Zusatz »Dionysiu«. So wurde noch dem Anonymen die alte Ehre gegeben, worin der Geist sich zu vielen Zeiten am liebsten aufhielt. Wo man, wie hier, ein lebendiges Verhältnis zu Askesis hat und weiß, daß sie ein Zuwachs an Kraft ist, muß man auch wissen, daß der Verzicht aufs Geständnis des Namens Zuwachs mit sich bringt. Daß das Namenlose wie eine Wolkendecke die nächtliche Erdwärme zusammenhält; welcher Schutz, welcher Dämmer! Während der Ruhm ein immer wiederholter Verlust ist.

DIE KLEINEN GRIECHISCHEN KIRCHEN

Die Klosterkirchen des Athos sehen sich ähnlich. Sie sind von dem Typus, den man im ganzen Lande, auf Festland und Inseln, antrifft; ganz Griechenland ist mit ihnen wie ein Fischernetz mit Glasgewichten durchsetzt. Man kann nicht sagen, daß sie sehenswert seien, aber liebenswert sind sie. So ist das auch besser.

Wer diesen Typus gesehn hat, wird ihn nicht mit den großen monumentalen Kirchenbauten verwechseln, obschon die im Grundriß und Aufriß verwandt sind, aber was will das schon sagen. Diese kleinen Kirchen stellen nichts dar; eben nicht. Diese Kuppeln sehen nicht aus, als seien sie an den Himmel mit goldener Kette gehängt, wie man von der großen Hagia Sophia in Konstantinopel, der Kaiserkirche, gesagt hat; vielmehr scheint es, als seien sie aus der Tiefe dem Himmel entgegengetrieben. Wie Maulwürfe ihre Monumente aufstoßen, wölben sie sich aus der braunen Erde herauf.

Wie anders sie sind als die imperialen Gottespaläste. Aber wie anders auch im Vergleich zu den gotischen Domen, die einem gedachten Gotte hinaufgebaut sind, einem bewiesenen Gott der Gottesbeweise, einem Gott der durchästelten großen Systeme. Sieht man sie nicht, die Spitzfindigkeiten? Das ist der begriffene Gott der Thomas-Erscheinung. Wie die Begriffs-Tentakel sich strecken! Wie sie ans Unzulängliche langen mit Strebepfeilern und Rippen, mit vorgehebelten Zangen! Und wirklich, sie zwingen in Ekstasen des Denkens den gestirnten Kathedralenhimmel herab.
Wie anders auch sind sie im Vergleich zu den gelben Trompetenstößen eines Gottes, dessen Ruhm es gilt vorwärtszutragen gegen die Reihen der Ketzer, in barockem Getöse, im Geschmetter der Angrifftrompeten, eine Gläubigkeit, die propagiert werden kann.
Wie ganz anders auch sind sie als die trockenen Betsäle der Reformation, die darauf bestehen, die Gleichgültigkeit des Ortes zu wahren, an dem man das Wort Gottes vernimmt. Das Wehen des Geists wo er will, das Namenlose der Abendmahlstube, das Anonyme von Emmaus, das Überallmögliche

des Pfingsthauses, Damaskus, das an jeder Straßen-
ecke erhofft werden kann: diese Irgendwos, das
Nichtverortete, Nichtgeweihte soll wiederhergestellt
werden. Als ob Gnadenstände wiederhergestellt
werden könnten.

Aber wenn es nicht die Stellvertretung auf Erden
und nicht das hingerissene Begreifen der Gottes-
begriffe und nicht das goldene Schmettern der Verkündigung ist, auch nicht das Abgeleugnete heiliger
Ortschaft: was ist es, was diese kleinen griechischen
Kirchen als ihr Besonderes haben?

Das Sakramentale. Sie hüten das Sakramentale,
das im Griechischen Mysterion heißt. Das Heilige,
das in Israel heimatlos war, wandernd in einer
Lade, hat in Hellas Wurzeln geschlagen. Hellas gab
Erde dazu, wie beim Sakrament Gaben der Erde
dabei sind: Wasser, Brot, Öl und Wein.

VIII

Eine Pforte des Klosters war bergwärts gelegen.
Wir traten aus. Sieben Gartenterrassen stuften sich
zum sonnenüberglänzten Meere hinab.

Eine Kapelle, dabei der Friedhof des Klosters.
Aber nur wenige Gräber, vier oder fünf, und kein
Schmuck.

Eiserne Kreuze; nur der Name des Mönchs und
sein Todesjahr steht darauf, nicht sein Geburts-
jahr, nicht sein Heimatort, nicht sein wirklicher
Name und kein besonderer Spruch. So ein Grab ist
ja keine Ruhestätte für lange, nur für drei Jahre.
Nach drei Jahren nämlich verläßt es der Tote und
macht einem anderen Platz. Was dann noch da ist,
findet im Ossuarium Platz.

Kein Grabstein also, der ein kleines Denkmal sein
möchte. Auch die eisernen Kreuze sind nur wie die
Etiketten, die man im Frühjahr auf die Beete verteilt, bis man am Aufgegangenen ohnehin sehen
kann, was es ist. Aber keine Spur von Melancholie
liegt über dem Platz. Weniger Trauer, als über
Friedhöfen sonst ist.

Wir suchten das Ossuarium, das in der Nähe sein
mußte, und fanden es als Kellergelaß der Kapelle.
Der Keller barg die Ernte des Klosters und seine
Geschichte, denn *hier* war seine Geschichte, hier
mehr als sie in seinen Urkunden war. Der Raum
war geweißt und die Knochen geschichtet, als wenn
sie ein Vorrat seien, auf den man irgendwann zu-

rückgreifen werde. Rechts waren die Schädel auf-
einandergebeugt, links Schenkelknochen und Arme
wie Holz für den Winter. Von der kleineren Zutat
war wenig zu sehn. Auf einigen Schädeldecken ein
Name.

Ein Mönch kam von den oberen Gartenterrassen
mit geschulterter Hacke. Er blieb stehen, als er uns
im Knochenkeller erblickte. Ich sagte, indem ich die
Hand auf ein weißes Schädeldach legte: »Du hast
gewiß ziemlich Viele von denen gekannt.« »O-bo-
bo!« machte er, »wo ich vierundfünfzig Jahre hier
bin?« »Vielleicht hundert?« wollte ich wissen. Er
wehrte ab, als habe ich mich einer Übertreibung
schuldig gemacht, die ihn verstimmte. »... oder
achtzig?« Er bejahte, als sei das nun wieder viel zu
niedrig gegriffen. Als er hörte, wir seien Deutsche,
fühlte er sich zu einer Betrachtung verpflichtet:
»Da sind die Deutschen bis nach Ägypten gerannt
und die Russen rennen nach Wien und Berlin; der
eine rennt nach Amerika und der andere ans Ende
der Welt und wieder nach Europa zurück — und
wozu? was bleibt übrig? Was da drin ist.« Er
deutete auf die vom Tode aufgeknackten Gehäuse,
zuckte die Achseln und ging.

Wir besprachen, daß verleugneter Gräberkult
eigentlich urchristlich sei. Der Tod ist im Christlichen nichts. Er ist gut genug, um die Metapher
fürs Schlechte, fürs Wertlose, fürs Schale und Ver-
meidenswerte zu sein, aber *das Leben* steht für das
Licht. *Das Leben* ist die Metapher für Gott, nicht
der Tod. Der Tod ist nie etwas anderes als die

Metapher für die Finsternis und das Wesenlose gewesen; das Leben, nicht der Tod führt zu Gott. Der Tod ist das Dumme und Taube, der Tod ist der Sünde Sold, der Tod ist das Ende der Möglichkeit, sich zum Lichte rufen zu lassen. Es ist heidnisch, in einem unaufhörlichen Memento mori zu leben, und es ist christlich vom Tod keine besonders hohe Meinung zu haben. Es ist heidnisch, auf Totenkult und Unsterblichkeit zuzuleben und zu glauben, daß man durch Ruhm und Nachruhm und durch unsterbliche Werke das Lebenszeiträckchen ein bißchen herauslassen könne. Es ist nicht christlich, das Leben von der Melancholie des Tods überschatten zu lassen. Die Verehrung des Todes ist immer Sache des Heidentums oder das Zeichen eines heidnischen Restes gewesen, vielleicht schön, aber heidnisch. Wie denn Grabkult etwas durchaus Heidnisches ist. Da legt man sich schöne Grabstätten an, um sich auch nach dem Tod noch ein kleines Daheim zu erschwindeln. Sich da, wo es bestimmt kein Zuhause mehr gibt, ein kleines Zuhause zu schaffen. Jedem Toten ein Denkmal.

Wir verließen den Knochenkeller, der Weg ging bergan. Ein Lavendelbusch, groß wie ein großer Johannisbeerstrauch, blühte blau, duftete sehr und war von Bienen umsummt. Hier hatte mans wahr gemacht: hier ließ man wirklich die Toten ihre Toten begraben. Hier war es verstanden, daß der Tod das Nichtige und das Überwundene ist. Diese Gräber waren eine Absage an den Unsterblichkeitsglauben; hier wußte man, daß es sich durchaus nicht empfiehlt, an Ruhm und unsterbliche Werke zu denken. Hier betrog man sich nicht damit, daß man das noch ein wenig hinausschob, was Ewigkeit ist, eine Ehrentafel lang oder ein Verwandten-Andenken: noch ein wenig Zeit herausschwindeln, noch ein wenig dableiben. Hier war kein Totenkult, hier war keine Trauer an Gräbern. Hier begriff man: »Die Trauer der Welt *bewirket* den Tod.«

Zwei große Orangenbäume wuchsen von der unteren Terrasse herauf und waren voll grüner, ausgewachsener Bälle im dunkelglänzenden Laub, zugleich voller Knospen. Die Fröhlichkeit, die wir so viele und überwältigende Male auf dem Athos antrafen: fast schiens, daß ein Wellenkamm dieser Freude bis in die Gräberwelt schlug. Eine Stätte der Ohnmacht des Todes, nicht seiner Verehrung, nicht seiner Vergötzung. Durchaus nicht seines Triumphs.

Wir überblickten alle sieben Gartenterrassen bis dort hinab, wo das Meer sie mit weißen Fransen beflocht. Man sah die Bohnenterrasse und die Tomatenterrasse, Endivien, Blumenkohl, Auberginen und die Zwiebelterrasse. Weit drunten sah man zwei Mönche und zwei weltliche Arbeiter bei den Kürbissen werken; einer hackte nach Landessitte das lockere Erdreich mit der großen Stielhacke um, man kennt nicht den Spaten, beim andern konnte man selbst auf diese Entfernung erkennen, daß ihm die Arbeit zuwider war; die Griechen verstehen es ausgezeichnet zum Ausdruck zu bringen, daß sie die Arbeit der Hände, Adams Fluch, für eine Zumutung halten, während ihr Geist, ihre Logik, ihre Fantasie und ihre Berechnung in jedem Augenblick zu Abenteuern aufgelegt sind.

Auch nach oben treppten sich noch Terrassen hinan, zwölf im Ganzen. Eine Stützmauer wurde gerade erneuert, indem man die neue dicht vor die alte hinstellte, die stückweis abgebaut wurde, sobald die neue soweit war, daß sie das Erdreich auffangen konnte, für den Fall, daß es nachrutschen wollte; auch regelmäßige Lücken zum Austritt der Feuchtigkeit waren bedacht.

Das Erdreich war locker und schwarz. Tausend Jahre nie unterbrochenen Gartenfleißes hatten es mürbe gemacht. Ein wenig zu taub kam mirs vor, es schien Dünger zu fehlen; freilich, Dünger, woher, da ja keine Stallwirtschaft war. Doch war Wasser vorhanden wie in Griechenland selten. Ganz droben war ein großes turmgleiches Wasserbassin, das wir anfangs für einen Festungsbau hielten. Es waren schon Regen niedergegangen und es war nicht mehr nötig, zu speichern; der Zuleitungsbach schoß nutzlos geradenwegs ab. Alles war grün, alles voll Saft; was die Jahreszeiten betrifft, so ist holde Verwirrung. Waren am Berg jetzt im späten Oktober, die Alpenveilchen zu Zehntausenden und der gelbe und blaue Krokus im Blühn, begannen jetzt die Wiesen zu grünen, so war in den Gärten noch nichts vom Ermatten des Fruchtjahres zu merken, jetzt, wo die Orangen zu reifen begannen und zugleich Blütenknospen austrieben. Noch hingen auch die Äpfel am Baum, eine Sorte, die bei uns unbekannt ist: nicht sehr große, zylindrische Früchte, süß und in unglaublicher Fülle.

Die hätte ich gerne bebaut, diese hängenden Gärten. Im Geist besiedelte ich sie mit nachtblauen Ritterspornarten, mit Fingerhut, Sonnenblumen, auch Kletterrosen wegen der Früchte, der Hagebutten, aus denen mir leider niemand mehr Eingemachtes zuzubereiten versteht. Auch war ich willens, alle möglichen Lilienarten zu ziehen, mit denen ich im heimischen Garten nur halbe Erfolge erziele; auch Iris, wenn es nicht die weichliche, aufgeplusterte Schwertlilie ist, sondern die kühlere spitze, die sich mit tiefem Enzianblau und eidottergelber Mitte begnügt. Auch den überjährigen Flachs hätte ich gerne gezogen, beetweise, der beim leisesten Luftzug in ein schlankes Wiegen verfällt, und mir die Hoffnung gemacht, den ganzen unendlichen Sommer im unaufhörlichen Seewind ein blaues Wogen zu haben. Auch an Himbeeren hätte es mir bestimmt nicht gefehlt, die eine Zuflucht jeden Gartenfreunds sind, weil sie bei wenig Kunst und Mühe geraten; auch an Brombeeren, nicht über die heißgeglühten Stützmauern hin, und Quitten und Granatäpfel waren ohnehin da. Die Ölbaumschule, die ich auf der obersten Terrasse entdeckte, hätte ich stehen gelassen, mädchenhaft zarte, biegsame, kühle, bläulichgrüne Athenen, blattreich und wüchsig. Ich wurde in meiner Überzeugung bekräftigt, daß der Ölbaum eigentlich ein Gartenbaum ist; auf dem Feld, in der ungenauen

Pflege des Ackers kommt er nicht zu der Entfaltung die erst sein Wesen enthüllt.

Ja, diese hängenden Gärten hätt ich gerne, fürs Leben gerne bebaut. Wer nichts von der Gartenleidenschaft weiß, wird mein Schwärmen mit taubem Ohre vernehmen. Woran nichts Besonderes ist, da jede Leidenschaft eine geheime Sprache erzeugt, die nur die Ergriffnen verstehn, die Spieler, die Musiker, die Maler, die Liebenden so wie die Gärtner. So kommt es, daß wir übers Kreuz hin und her in hundert verschiedenen Geheimsprachen sprechen; wer aber ohne Leidenschaft spricht, spricht eine Sprache, die niemand versteht, die nur das Gespenst einer Sprache und keineswegs Mitteilung ist. Jeder Garten ist soviel wert wie die Liebe und Mühe, die für ihn aufgewandt wird. In diesen Terrassen zu graben, an die tausend Sommer noch ein paar neue zu hängen, ein paar Kettenglieder durch meine Hand gleiten zu lassen, das hielt ich der Mühe für wert. Hier hätte ich das Gefühl der Mitte gehabt; denn dieser Erdkreis hat Stellen, die das Mittelpunkthafte besitzen; andere Stellen hingegen, seien sie auch fruchtbar und üppig und schön, werdens nie schaffen. Hier war Mitte.

Freilich, unter einem Gärtner wie meinesgleichen wäre aus diesen Klosterterrassen nichts weiter als ein frommer Schloßgarten geworden. Ich hätte es mir angelegen sein lassen, Welt zu gewinnen, nicht aber, wie jene Mönche, der Welt gestorben zu sein. Als Gärtner hätte ich halt, wie alle Gärtner, Wurzeln zu treiben versucht in ein kleines Stück dieser

Welt. Während es doch die Sorge dieser Gläubigen war, nicht einmal eine kleine Höhle im Schoß dieser Erde ihr eigen, nicht einmal grabesbreit ihr Zuhaus zu nennen.

Auf dem Friedhof von Grigoriu mußte ich an den berühmtesten Friedhof des Westens, den Père Lachaise denken, der sein genaues Gegenteil ist. Schon daß an den dortigen Gräbern unzählige Male das eingemeißelte »Concession à perpétuité« steht, »gemietet für immer«, läßt merken, daß man sich am anderen Pole befindet. In Grigoriu mietet man nur für drei Jahre. Und noch bei Schiller und dem Weimarer Beinhaus wars so.

Wie schauerlich komisch, auf einem Friedhof vom Perpetuellen zu sprechen. Auf einem Friedhof wenigstens sollte vom Immerwähren die Rede nicht sein. Hier wenigstens sollte gesagt werden dürfen, daß nichts immer währt. Daß es kein letzter Wunsch sein kann, das Zeitliche zu verlängern. Daß Dauer das Ganz-Andere der Ewigkeit ist.

Davon will Père Lachaise auf keinen Fall etwas hören. Er ist römisch, nicht griechisch. Per saecula saeculorum: er reiht Denkmal an Denkmal und Nachruhm an Nachruhm, preist die Unsterblichkeit, und wenn ers weit bringt, bringt ers zur Todesmelancholie. Das ist wenig.

Der Tod als Sieger, der Tod als Ordensverleiher, der Tod als Tor zur Unsterblichkeit, der Tod als Großsiegelbewahrer des Ruhms? Zuviel Ehre dem Tod, zuviel Ehre.

Es gehört zu dem, was man auf dem heiligen Berge erfährt, um es nicht so leicht zu vergessen, daß das gemeinsame Essen in den Bereich des Sakramentalen gehört. Ein Sonntagmorgenmahl in Grigoriu ist mir so nahe, daß es in meiner Erinnerung stellvertretend für alle anderen Mahle verblieb. Ein großer und niedriger Raum, ungemein niedrig für seine Länge und Breite, man hat das in gotischen Rats- und Gerichtkammern, Auditorien und Studierstuben, in Räumen also, die Sammlung erfordern, und man kennt das Befinden das sich in einem solchen Raume herstellt: die niedere Decke erzeugt jene leichte Pressung, die unserer Natur nun einmal bekommt.

Der Gottesdienst hatte die ganze Nacht über gedauert. Wir waren zwar nur die letzten paar Stunden dabeigewesen, das genügte jedoch, um das traumwache Morgengefühl zu erzeugen, jenen Zustand großer Empfängnis, der nur das Wenigste einläßt, das aber so königlich, so gekrönt, daß man glaubt, es sei erst in diesem Augenblicke erschaffen. Niemand wird leugnen, daß es nur die Momente so großer Aufnahme sind, in denen er wirklich gelebt hat. Also, die Väter zogen aus der Kirche in diesen Raum ein, der Abt an der Spitze, dann wir, die Gäste mit unserem Freund, dem Schulrektor aus dem Piräus, einem ausgezeichneten, weißbärtigen Mann, der außer der Reihe im Kloster war, denn er war erst im Ruhealter hierher gekommen, dann die Väter und Söhne. Man nahm an den uralten gescheuerten, gerillten Holztischen Platz. Vor jedem ein Schüsselchen kalter Bohnensuppe, auf gewürfeltem Mundtuch ein kleiner Brotlaib, ein Käse und ein kleiner Zinnkrug mit Wein. Der Abt schlug mit metallenem Griffel an eine Glocke, die Legende begann, stumm aßen alle.

So wäre denn wieder einmal nichts zu berichten, wie so oft bei dem, was ich auf dem heiligen Berg als Stärkstes aufnahm, so daß ich während der Niederschrift in Verlegenheit komme, weil mir gerade noch alles so beschreibenswert vorkam. Und doch müßte es möglich sein, ausfindig zu machen, warum an jenem brüderlich stummen, übernächtigen Essen in weißkahlen Mauern an Holztischen etwas so Ergreifendes war, dasselbe, was auch Luvaris veranlassen mochte, mit einem schwimmenden Blick über die in Bärten und schäbigen Kutten Vermummten zu sagen: »... disse *arrmen*, *arrmen* Menschen ...«, wobei dahingestellt bleiben muß, ob sie so arm waren; ich nahm es mehr als Ausdruck seiner Bewegung. Denn was an der Szene ergriff, ist mit dem Wort urchristlich nur vage bezeichnet, und doch ist es das, woraus über die Jahrhunderte hin und erst recht seit Franziskus und Luther unsere Gewissensunruhe stammt.

Denn es ließ sich in momentaner Hellsicht erkennen: dies war es, das gemeinsame Herrenmahl der Urchristen, dessen Sinn war, das gemeinsame Warten auf die Letzten Dinge, auf die Wiederkunft

Christi zu fristen. Noch einmal ein Morgen, noch einmal ein Tag. Noch einmal ein Warten. Aber morgen wirds kommen, das Heil, morgen.

MORGENFRÜHE, TAUIG

In dem Weinberg, der zum Kloster Grigoriu gehörte, waren die Trauben schon reif, die Ernte mußte dieser Tage beginnen. Bis dahin hielten sich die Vögel daran. Vor allem die Drosseln; das Kloster hatte einen Wächter bestellt, um ihre Ernten nicht überhandnehmen zu lassen. Der alte Mann faßte seinen Dienst in der Weise auf, daß er in den Ackerzeilen des Weinbergs immer zehn Schritte voranging, die Ratsche drehte, mitten in einer Umdrehung anhielt und zur Pagode erstarrte. Nach einer Weile kam dann wieder zähe Bewegung in ihn, automatenhaft schritt er wieder zehn Schritt die Ackergasse hinan, hielt inne und ratschte. Immer legte er Wert darauf, mitten im Leiern automatisch stillezustehn. Wahrscheinlich lag seinem Gehaben die Absicht zu Grunde, ein Wesen zwischen Vogelscheuche und Mensch hinzustellen; in den Stillständen hatte er den Willen, nichts als Vogelscheuche zu sein, dann aber, den Popanz mit gefährlichem Leben zu füllen und so die Gescheuchten ganz irrezumachen. Popanz oder keiner, da konnte man sich ja auf nichts mehr verlassen.
So die Rechnung. Doch zeigte ein Blick in den Weinberg, daß sie, wie manche Rechnung auf die

Dummheit der Andern, nicht aufging. Vom Weg aus blickte ich schräg ins Schattengrüne unter das Weinlaub hinein und sah, da und dort, immer mehr und mehr Drosseln ganz ungeniert sitzen. Sie hatten sich auf den Austrieben niedergelassen und zogen sich, indem sie sich langmachten und zugleich duckten, um das Gleichgewicht zu behalten, in aller Ruhe, ohne Bewegung im Laube zu machen, die süßen, an der Traube vertrockneten Beeren herbei, immer vor, immer wieder zurück, indes der alte Mann ratschte.

Eine Welt ganz für sich. Hier bei den Gefiederten verläuft offenbar eine Grenze. Hier endet das Athosgesetz, das immerhin noch Hunde, Ziegen und Hühner verbannt. Hier beginnts wieder, und so weiter die Stufenfolge hinab, hier beginnt das Liebes- und Zeugespiel wieder, das alte Genist, das Gehecke.

Ein Oberfeldwebel, einer der deutschen Soldaten, die im letzten Krieg den heiligen Berg überzogen, übrigens ohne sich irgendeinen Übergriff zu Schulden kommen zu lassen, was die Mönche jederzeit rühmen, hatte sich im Gastbuch des Klosters damit dauernd gemacht, daß er in zackiger Schrift und dem verräterischen, nach unten tretenden Absatzhieb am Schluß seines Namens in Versen kundgab, wie sehr er die armen Mönche, er schrieb Mönchlein, bedaure, weil sie den Hauptspaß des Lebens nicht kennten und übten. Ach, wäre es nur seine eigene stolze Meinung gewesen. Es war aber durchaus die Meinung einer ganzen verweltlichten Welt. Es war durchauch ihre Lage, nicht mehr zu wissen, daß es in ihrem eigenen endlosen Dickicht irgendwo einen Teich gibt, in dessen zur Ruhe gekommenem Spiegel man das Ziehen der Himmelswolken erblickt, und daß der Wanderer, der einmal an diese Lichtung gelang ist, nicht als derselbe fortgeht, auch wenn ihn bald wieder das grüne Gewucher verdeckt.

Der Wein vom Grigoriu-Kloster, ein hellroter, geistvoller Harzwein, ist der beste des Bergs, so wie in Grigoriu alles tadellos ist, denn es ist das dorische Kloster des Athos, von Peloponnesiern besetzt, und so ist alles in Schuß.
Die Lese begann. Fässer von solcher Größe hatte ich noch nie im Leben gesehen, zwei polyphemische Tonnen, um die das Kellergebäude herumgebaut war, und dazu ein kolossalischer Mönch mit kolossalischem Lachen. Der Brobdignag gab uns Proben seiner erstaunlichen Kraft, indem er eine gefüllte Bütte in hohem Schwung über den Faßrand goß. Er ließ uns sein Alter raten, umdüsterte aber, als wir unter dem Eindruck seiner Bärenhaftigkeit seine dreiunddreißig Jahre kränkten und zu hoch griffen.

Luvaris machte auf eine Stelle im ersten Timotheosbrief aufmerksam, an welche sich scharfsinnige Überlegungen anknüpfen lassen. Es ist ein Vers im fünften Kapitel, in dem der Apostel Paulos seinen Liebling ermahnt: »ὀλίγῳ οἴνῳ χρῶ διὰ τὸν στομαχόν σου«. Nun ist es ebenso unanfechtbar, die Stelle so zu verstehen: »Nur wenig Wein darfst du trinken, wegen deines Magens« als auch so: »Trink nur ein bißchen Wein für den Magen.« In diesem, übrigens wahrscheinlicheren Fall müßte man annehmen, Timotheos habe im Überschwang der Askese zuviel getan, und der Apostel habe ihm Lockerung empfohlen. Aber für welche der beiden Wiedergaben man sich auch entscheidet, man hat nur die Wahl, anzunehmen, der junge Timotheos habe mehr Wein als ihm zuträglich getrunken oder aber, der Apostel habe ein gutes Wort für den Wein eingelegt. Nur eines geht mit Gewißheit aus der interessanten Stelle hervor: unmöglich waren alle beide *gegen* den Wein. Das dürfte der sichere Gewinn dieser philologischen Alternative sein, in der Tat ein Gewinn, wie alles, was sich als dem Puritanismus abträglich erweist.

IX

Wir wurden in den Bibliothekraum geführt. Es ging durch die Kirche hindurch und aus dem Altarraum eine Wendelstiege hinauf. Die Regel schreibt vor, daß immer drei Väter anwesend sein müssen, wenn irgend jemand die Bücherräume betritt; das dreifache Türschloß ist nur mit drei verschiedenen Schlüsseln zu öffnen, die auf drei verschiedene Väter verteilt sind. Sehr weise. Wenn der dritte Pater nicht da ist, ist alles Bitten vergebens. Ob aber der zweite Pater, wenn der dritte Pater zurückkommt, und wer weiß, wann der dritte zurückkommt, ob dann der erste Pater nicht gerade eine Tagereise weit weg bei den Ölbäumen ist? Durch alle Regierungsformen, monarchistische Hoheit, diktatorische Gesetzwut und straßenfreundliche Demokratie: so etwas wie die stille Tyrannis der Bibliothekare bleibt für alle Zeiten bestehn.

Natürlich hat zu so strengen Regeln manch bittere Erfahrung geführt; viel Kostbares ist den Vätern im Laufe der Zeiten abhanden gekommen. Der Westen verstand sich auf alle Methoden: Abkauf, Erschmeicheln von Gastgeschenken und Diebstahl, auch den. In solchen Fällen wird ja die Flagge des Idealismus gehißt; das pflegt, wie wir nun wissen, die Eröffnung eines jeden Hexensabbats zu sein.

Ich vermehrte meine Kenntnis von Diebeskniffen bedeutend. Mit einem Diamantring kann man unauffällig eine miniierte Seite des zehnten Jahrhunderts austrennen, am besten, indem man den Hingerissenen spielt und zur Fensterlaibung ans Licht eilt.

Doch gehört der Typus des eleganten Kenners und Sammlers ja der Vergangenheit an. Moderner ist der Gelehrte, der sich mit Fotografieren begnügt, wobei auffällt, daß auch er es mit Hast und in halber Heimlichkeit tut. Bildraub ist eben auch Raub; die Mönche, denen das Bild etwas anderes als eine Abbildung ist, können da ohnehin wenig Unterschied sehen. Aber auch dieser Typus ist schon im Veralten. Das Zeitalter der Aufarbeitung, Katalogisierung und Ordnung ist an den Anfang seines Endes gekommen; dabei stellt sich heraus, daß man über der ungeheueren Anstrengung fast ihren Sinn aus dem Gedächtnis verlor. Aber was wird nun kommen?

Schon der große Fallmerayer vor hundertundzwanzig Jahren hat den Ausstieg aus der Fortschrittswelt als das Abenteuer einer Reise auf den Athos empfunden. Jetzt freilich ist es mit spöttischem Bezweifeln der fortschreitenden Wissenschaft, wie er es kraftvoll und komisch geübt hat, nicht mehr getan. Längst haben wir das Scherzen über den wissenschaftlichen Fortschritt verlernt; wir wissen: der Leviathan Forschung, er wird uns noch bei lebendigem Leibe verschlingen. Wie wäre man glücklich, wenn man wieder das Adyton, das Unbetretbare hätte.

Hier, am Vorgebirge des Athos freilich, ist der Wüstenwind des Forschens vorübergegangen. Hier hält man nicht viel vom Aufgesummten des Wissens. Hier weiß man nicht viel, hier will man vieles nicht wissen. Hier ist der beste Ort auf der Welt, um den Hochmut der beweisbaren Wissenschaft zu verlernen. Wenn die Gelehrten aus dem Abendland kommen und wollen die Geschichte des Athos, seine Urkunden, seine Kunstgeschichte, seine Baugeschichte, seine Verfassung erforschen, so muß das den Mönchen verwunderlich oder lächerlich sein. Geschichte erforschen? Glaubt man, daß, was man da aufschreibt, etwas zu tun hat mit dem, was einmal ernstgenommene Gegenwart war? Geschichte erforschen, weil man sich der Entstehungen bemächtigen will?

IWIRON FÜNF

Pater Athanasios, Bibliothekar, fragte mich, ob bei mir in Wolfenbüttel die Nummern des Handschriftenkataloges mit den Nummernschildchen auf den Handschriften übereinstimmten. Ich bejahte, natürlich. »Also«, erwiderte Athanasios, »bist du ein schlechter Bibliothekar.« Ich war bereit, mit mir darüber reden zu lassen, fragte aber wieso. Er sagte: »Niemals dürfen die Nummern übereinstimmen. Im Katalog kann jedermann sehen, welche Handschrift er will. Wenn er dann hier im Raum steht, braucht er bloß nach der Nummer auf dem Schildchen zu sehen und schon wird er sie stehlen. Bei mir stimmen die Nummern nie überein, es ist ein geheimer Schlüssel dazwischen, den nur ich kenne. Also, wer nach dem Katalog stiehlt, stiehlt falsch. Das macht ein guter Bibliothekar.«

Aber das muß uns von Fallmerayer, dem altwüchsigen Südtiroler, der als einer der ersten die fortschreitende Wissenschaft als die Kreuzlast seines Jahrhunderts empfand, und auch die Geschichtswissenschaft richtig als Fortschrittswissenschaft wie jede andere sah, trennen, daß er im Ernst die Möglichkeit eines Rückwegs auf den Athos erwog. Er konnte den Athos noch im romantischen Licht als Möglichkeit für einen Abendländer erblicken. Er verschwieg sich: uns schlugen die Pforten lang zu.

Unser Freund, der Professor aus Belgrad, hatte uns in Karyä ermahnt, im Kloster der Iberer das Manuskript fünf nicht zu versäumen. Man bekomme es nicht ohne weiteres zu sehn, aber mit unserem Protektor, meinte er, schafften wirs schon. Wir fanden es in der Ordnung, nach Iwiron einer einzigen Handschrift wegen zu gehn.

Pater Athanasios gab denn das kostbare Stück auch nicht aus der Hand. Er ließ uns an einen kleinen Tisch setzen, setzte sich selbst gegenüber, wandte von rückwärts Blatt für Blatt um und ließ uns die perlenhaft schimmernden Miniaturen in aller Ruhe anschaun. Das war eine gute Art, eine solche Handschrift zu zeigen, die ja in keine Vitrine gehört, die man aber auch keinem Fremden in die Hand geben kann.

Es war eine Handschrift der vier Evangelien, griechisch, also in der schönsten Schrift aller Schriften, und dazwischen waren Bildstreifen gesetzt, einmal rechts, einmal links, und von solcher Klarheit und Reine, daß man wie in Quellbecken starrte.

Der Pater schlug die Hochzeit von Kana auf. Man sah ein hochfeines Brautpaar, das ehrenvoll unter einem Säulendach saß, antikes Gastmahl, auftragende Knaben, und Jesus war auf dem Bilde gleich zweimal, in zwei verschiedenen Zeiten zu sehen: bei Tisch der Verweis der Mutter und dann noch einmal rechts bei den Krügen. Die Krüge waren als große Tonfässer gemalt; sie sollen ja nach der Schrift eine ziemliche Menge verwandelten Weines enthalten, sechshundert Liter. Das müßte auch für ein Hochzeitsfest langen.

Die tausend Jahre seit ihrer Entstehung hatten diesen blanken Bildchen nichts abziehen können; frisch wie am ersten Tag lag noch der Tau des Fertigwerdens darauf. Jung blickten sie beim Umwenden aus ihren Blättern hervor, Morgenblicke, und wie sie sich freuten, wenn ihnen Überraschung gelang. Da sah man die Treue, mit welcher ein Buch solche Juwelen über die Zeiten erhält. Was zur gleichen Zeit an die Wand gemalt worden war, war lang schon abgeblickt worden. Sie aber hatten immer noch glänzende Augen.

Aus ihrer Kleinheit war Leuchtkraft gezogen, wie auch der Goldschmied aus Kleinem Wirkungen zieht. Diese Streifen, die man mit der Hand hätte zudecken können, holten ihr Schönes aus dem Nahbeieinander der allereinfachsten Farben, die in sich ganz ungestuft waren. Gold und ein tiefdunkles Blau, das hatte der Maler am liebsten, ein unaufgelöster kammermusikalischer Klang. Der Jesus der Wunder und der Gleichnisse war hier gemalt, wie ja in Kana Wunder und Gleichnis in einem erscheint. Nur wenige Rots, Korallenrots, aber schmetternd, dann ein himmlisches Hellblau, das Blaugrau einer gewittrigen Wolke, Lilienweiß von Gewändern und ein edelsteinernes Grün.

Die Geschichte vom Abendmahl sah man in ungewohnter Gestalt. Der Tisch stand in einer Nische, die davon ausgefüllt war und die Gäste lagen nach antiker Weise gegen den Tisch. Jesus lag nicht in der Mitte, sondern am Eckplatz, nach vorn zu, während am anderen Eckplatz Petros lag. Es war nämlich so, daß bei einem antiken Gastmahl diese Eckplätze die bevorzugten waren, denn hier kamen die Diener mit den vollen Schüsseln herzu. Daß man zu Tisch *lag*, kann den Umstand erklären, daß Johannes, der Lieblingsjünger, an der Brust des Herrn liegt. Er kommt eben, in der Tischfolge, neben Jesus zu liegen; wenn er also den Kopf zurückwendet, etwa um nach dem Verräter zu fragen, und im Liegen zu Jesus aufblickt, so ist eben sein Kopf an der Brust des Herrn. Dem Maler des elften Jahrhunderts sind diese Umstände noch geläufig gewesen; es war ja auch griechisches Wesen. Wie haben die Schnitzer im deutschen Mittelalter sich Mühe gegeben, um dieser Johannes-Stelle Bild abzugewinnen! Man kennt die süddeutschen Lindenholzbilder, in welchen Johannes den Kopf, blumenhaft eingebogen, wie welk, an des Herrn Brust legt.

Indessen, ein wenig Altertumskunde, und das dichtende Grübeln der Schnitzer wäre ganz überflüssig gewesen. Wir wissen es besser. Jeder Anhänger der Bibelkritik ist so zu sprechen gezwungen, und das sind wir ja alle: die Durchforschung der Bibel mit Philologie und Historie ist das säkulare Ereignis. Dies, und nicht was man so dafür hält.

Überflüssig also. Und doch, jeder fühlt es: Wissenschaft, Forschungsergebnis sinkt dahin im Vergleiche zu dem, was in Unwissen jene Holzbildhauer ersannen. Der Gewinn ist erschlichen und dürftig. Das Organ, mit dem jene suchten, ist das edlere von den beiden gewesen: ein Auge, während historisches Forschen nur ein Greiforgan ist. Begreifen will es. Das sagt es ja selbst.

Das sichere Wissen von dem, wozu man gehört und was zu einem gehört, ein Wissen, das kein Schwanken und keinen Zweifel zuläßt, ein Hochgefühl, das auf einen zukommt und das überwältigt, nicht daß wir es bewältigen: das und nichts anderes müßte auf dem Grund des Wortes Wissenschaft sein. Aber was man so gemeinhin Wissenschaft nennt, hat damit wenig zu tun; es ist Kenntnis, die ihre Folge nur wieder im Bereich der Kenntnisse hat und oft genug ists nur ein Wissen des Nichtwissenswerten, das kein Herz auf Gottes weiter Erde bewegt. Es wird als Gespenster- und Schementanz in dem Augenblick demaskiert, in dem *Wissenschaft* wirklich auftritt: wenn wir uns einmal wirklich im Stande des Wissens befinden. Dann ist Zugehören, Vertrautsein, dann ist Wiedererkennen. Dann ist ein Heimatgefühl.

Längst aber dämmert: wo »Wissenschaft« zugreift mit ihren Begriffen, ist immer geheimer Entzug von dem, wonach sie greift. Große Tantalos-Qual, großes Strohwisch-Umarmen. Ist nicht Natur abhanden gekommen, je mehr und mehr wir Naturwissenschaft haben? Sie ist es. Fern, fern ist sie gerückt und was wir statt ihrer begreifen, ist ein Gespenst, ein blutloser Schemen, aber die warme Natur nicht. Wich nicht auch, was Geschichte eigentlich ist, ein Leben unter als gültig empfundenen Mächten, zurück, je mehr und mehr wir Geschichtswissenschaft haben? Je mehr Historie uns penetrierte, desto ungeglaubter wurden die überkommenen Mächte, und am Ende wird an höchst Glaubunwürdiges geglaubt. Wich nicht auch, was Kunst eigentlich ist, zurück, je mehr wir Kunstwissenschaft haben? Und wer hat mehr Sprache: der Älpler oder der Mann der Sprachwissenschaft? Traurige Summe vierhundertjähriger Wissenschaftsübung. Trauriges, undankbares Geschäft, so eine Summe zu ziehen, da Wissenschaft so vergötzt ist, daß man alle gegen sich hat, wenn man es wagt, gegen den Abgott einen Zweifel auch nur für möglich zu halten.

PANTOKRATOROS-PSALTER

Im Kloster Pantokratoros sahen wir eine Psalmenhandschrift, die älteste eines Typus, der jetzt über die ganze Welt hin verstreut ist. Sie hatte Randbilder. Sie waren schon vor dem Jahre tausend entstanden.

Das Merkwürdige an diesem Psalterium war, daß die Bilder solche Psalmenverse beschrieben, die auch *evangelisch* aufgefaßt werden konnten. In Psalmenstellen schienen Evangelienstellen prophetisch vorhergesehen zu sein. Bei »Schmecket und sehet, wie freundlich der Herr ist« war das Abendmahl dargestellt und zu dem Vers »Denn bei dir ist die lebendige Quelle« trat die Frau von Samaria auf, zu welcher gesagt wird: »Wer von dem Wasser trinkt, das ich ihm gebe, den wird nicht mehr dürsten.« Bei den Versen des 45. Psalms, einem Brautlied, stand neben den Worten: »Höre, Tochter, schaue und neige dein Ohr« eine Verkündigungszene. Die Verse im 72. Psalm: »Er wird herabfahren wie der Regen aufs Fell, wie die Tropfen, die das Land feuchten« waren auf die Empfängnis Mariens gedeutet, indem eine Taube vom Himmel wie Tau auf Gideons Fell fuhr. Und bei: »der du alle Sünden bedeckest« war Zakchaios auf dem Baume zu sehen, der Steuereintreiber, der bei all seiner Fragwürdigkeit das Eine doch hat: die Gier, gerettet zu werden, und der dafür bedacht wird.

So immer weiter. An immer neuen Stellen waren Durchblicke geschaffen, Schläge quer durch den Forst. Durch den Wald, der den Ausblick verstellt. Durch das Gehölz, das die Zeit ist.

Ich war an den Umstand erinnert, daß noch Luther, in alter Überzeugung verharrend, im Stand war, die Psalmen für Gebete Jesu zu halten: man blicke auf und mache sich das einmal klar. Er sagt, daß es die rechte Art sei, »die Psalmen aus Christi Munde geredet zu hören«. Als Christi eigene Worte. Christus spricht in den Psalmen. Ja, so weit geht es, daß er, Luther, aus einer Psalmenstelle, in welcher von Tränen die Rede ist, den Schluß zieht, so habe denn Jesus in vielen Nächten geweint; so wird aus den Psalmen sogar die evangelische Erzählung ergänzt. Zeitliches Vorher und Nachher: für Luther kein Einwand. Zeit ist ja an Christus zerschellt.

Da fragt man sich freilich, mit welchem Recht wir uns noch lutherisch nennen, da die Schlucht, die uns alle von so einer Wortgläubigkeit trennt, tiefer ist als was die Konfessionen untereinander entzweit. Was ist der Psalter nach einem Jahrhundert Bibelkritik? Eine Perlensammlung uralter Volkspoesie, und jedermann nimmt sich so glatthin das Recht, über den Lutherglauben als über eine schöne Unbelehrtheit zu lachen. Nur weil wir inzwischen Historie lernten und Historie für glaubwerter halten.

Von dem Aberglauben besessen, es sei Alles und Jedes aus seinen Entstehungen zu verstehn, haben wir alles wieder hineingeknetet in die minderwertige Zeit, aus der es herauszureißen man vorher bedacht war. Jetzt will man alles mit Hilfe der Zeit, also gerade des schlechtesten Stoffes verstehn.

Nie haben die Mönche den Gedanken gefaßt, eine Geschichte des heiligen Berges zu schreiben, das haben erst die Deutschen getan: Urkunden fotografiert, die Legende vom »Wahren« gerissen und »Licht in die Geschichte« gebracht. Auf dem Athos herrscht nach wie vor die Legende.

Die Legende, das ist der Versuch, die Atemzüge des Vergangenen hörbar zu machen. Die Legende, das ist der Versuch, dem Vergangenen abzugewinnen, was noch die Kraft der Gegenwart hat. Legende ist Totenopfer und Seelennahrung, ist Spende, während Historie Anatomie am Gestorbenen ist. Die Legende weiß, daß es keineswegs gut ist, zu Vieles und zu Genaues zu wissen, weil der Nahblick, der berüchtigte Nahblick, mehr raubt als er schenkt und das Eigentliche dann leicht in den blinden Fleck des Auges gerät.

Die Flutwelle der Historie, die sich im vorigen Jahrhundert erhob, wird vielleicht bald schon verebben und der übertriebene Ruhm der geschriebenen Geschichte verblassen. Dann wird der milde Glanz der Legende wieder zuzunehmen beginnen. Dann wird man sagen: je weiter sich die geschriebene Geschichte von der Legende entfernt, um so unwahrer, nicht um so wahrer wird sie.

Wir wurden zur Eröffnung der Schule geladen. Sie war in einem russischen Kloster untergebracht, welches beinahe leer stand. Das war die Skiti Andreu, ein ungeheuerer, recht barbarischer Bau für sechstausend Mönche, der die Merkmale des allrussischen Überflutungsdrangs aufwies, schon zu Zarenzeiten, schon damals.

Aufgedonnerte Kirchen, Zwiebeltürme, überladene Trakte und gepflasterte Höfe, Gras aus den Fugen: nie ausgefüllte, unheimliche, nun gänzlich prachtlose Pracht. Manchmal ein schleichender Kater.

Der Riesenbau hatte acht Mönche. In einem maßlosen Refektorium deckte einer den Tisch, sieben Eßplätze in einem Winkel, auf jeden legte er ein gewürfeltes Tuch, ein Stück Brot, einen gebeulten Blechteller. Der Riesenraum wurde durch die kleine Zurichtung erst recht trostlos gemacht. Hier und da sahen wir auch Welche schlurfen, violette Brauns zu freudlosen Bündeln geknautscht, ein exemplarischer Jammer.

Der Gouverneur langte an zur Eröffnung der Schule, und da noch Zeit war, gingen wir zusammen durchs Kloster. Der Abt und zwei Mönche erschienen, russische Schaftstiefel unter zerrissenen Kutten. Wir betraten die Kirche, eine der vierzehn, die der Riesenbau hatte, knallend vor Gold. Der Abt, der kein Griechisch verstand, schien taubstumm, die Haut pergamenten, in hundert Falten gelegt, starr und ohne Bewegung. Wir wollten die

Sammlung von Ikonen ansehn, die berühmt ist, aber sie verleugneten sie. Mißtraun.

Wüßte man nicht, daß die russische Seele gern schwelgt in Melancholie, so wäre das Mitleid stärker gewesen. Aber auch so war die Anzapfung stark: eine Stunde mit ihnen, und der eigene Lebensmut war rapide gesunken. Nur kraftvolle Absetzung half. Ich vollzog sie, indem ich zum Gouverneur auf deutsch sagte: bis auf diesen Augenblick habe ich auf dem heiligen Berg keine solche Quanten von Trauer gefunden, sei das evangelische Freude? Heiterkeit und Gelassenheit seien uns bisher die Zeichen des Athos gewesen. Und dies nun?

Dem Gouverneur schien das Stichwort willkommen zu sein, er wandte sich, ging drei Schritte den Russen entgegen, um ihnen durch einen Tataren, der etwas Griechisch sprach, meine Worte übersetzen zu lassen. Die Russen hörten; wächserne Falten, starre Blicke und Märtyrermienen. So wollte man ihnen also auch noch ihren Seelenschmerz rauben, ihren uferlosen, den sie so liebten?

Zu solchem Lebensabscheu mußten die jungen Gesichter der Schule in starken Gegensatz treten. Die Feier ging in einem abgemieteten Flügel des Russenklosters vor sich. Ein überlanger, aber niedriger Raum, dessen Decke etwas Zelthaftes hatte, viel Gäste. Vornan in zwei Reihen die Neuen: junge Menschen, noch vor ihren Jugendsünden, und schon entschlossen, die Welt bei Seite zu lassen. Aber kann einer die Jugendsünden entbehren?

Es folgten mehrere Reden, auch Luvaris sprach. Auch der Gouverneur; mir blieb im Gedächtnis, daß er seine Ansprache an die Jungen mit einem dreimaligen Aufruf zur »Askesis!« schloß. Ich wandte mich, sah in die rosenwangigen Jünglingsgesichter mit den schwarzen Bartfläumen, schwarzen Topfhüten, die quattrocentesk wirkten; einige sahen bäuerlich aus und hatten vor gespanntem Hören die Münder geöffnet, die sie schlossen und schluckten, als sie sich beobachtet sahen. Andere sahen blaß und schuldbewußt drein, obwohl man geneigt war, ihre Schulden für nicht sehr beträchtlich zu halten, und alle schienen den Aufruf zur Askesis wie ein Donnerwort zu vernehmen.

Später, während des Essens, bei welchem die Katecheten am unteren Ende der Tafel einfuhren, als wollten sie sich für Jahre versorgen, äußerte ich, ich wolle gern wissen, ob das, was bei dem Wort »Askesis« in griechischen und was in deutschen Ohren aufklinge, dasselbe oder etwas anderes sei. Der Gouverneur verstand mich nicht recht, es bedurfte weiterer Erklärung. Dann erwiderte er: Askesis bedeute nichts anderes als Übung, Training, hier mit dem Ziel, sich leichter und freier zum Gottesverständnis zu machen, immer die Hochform, immer bis an die eigene mögliche Grenze. Wenn im Zug dieser Übung Enthaltsamkeit, Fasten und Wachen empfehlenswert sei, so sei das ein Mittel, kein Selbstzweck, auch keine Bestrafung, auch kein »gutes Werk«, keine Spur von Verdienst. So habe er auch den jungen Leuten keine Kasteiung aufreden wollen, das sei sein Geschmack nicht und könne auch nicht seine Aufgabe sein; er habe nur sagen wollen: in Form sein.

So oft bei uns der Berg Athos genannt wird, gleich fragt wer, obs denn auch wahr sei, daß er aussterbe. Und man ist ganz begierig zu hören: ja gewiß, er stirbt aus.

Da sieht man, was gehört und was nicht gehört werden will. Dabei ist der Gedanke ganz sinnlos. Denn angenommen, es wäre so und der Berg ginge sterben, so könnte dabei für die Mönche nichts Trauriges sein. Da sie sich als Vorposten fürs Endzeitliche nehmen, müßten sie's eher als Freudenzeichen auffassen: so gehts also wirklich zu Ende.

Wer fragt: ist die Stunde des Niederganges für jene Klöster gekommen, der überträgt die Begriffe von Blühn und Gedeihen auf etwas, das dem ganz widerpart ist. Dann wäre das Christentum etwas wie eine Stiftung und Gründung, die vorankommen soll, und so wäre man wieder mitten im Fortschrittgedanken. Der ists ja, von dem sie nicht loskommen können.

Die Mönche denken so gar nicht. Da sie, nach ihrem Johannes, die Endzeit in keinem Auslauf des Zeitlichen sehen und im Tod nicht den Eingang zum Himmel, vielmehr wissen, daß *nur in der Zeit* eine Möglichkeit zur Außerzeit ist und Durchschein des Himmelslichts *nur in unserer Betrübnis,* so sind ihre Blicke nicht nach der Dauer gewandt. Es sind eben Griechen, nicht Römer.

Im Gästebuch des Klosters Karakallu fanden wir den Eintrag eines Engländers:

»Once in ones life one finds the perfect home of rest and peace. I found it at this holy monastery two years ago. Never is this monastery far from my thoughts.«

Der Eintrag aus dem vorhergehenden Jahr nahm Bezug auf einen Eintrag abermals zwei Jahre zuvor; der Mann war also aus seinem fernen Lande eigens hierher noch einmal gekommen. Auch ohne das aber wäre aus seinen Worten zu merken gewesen, daß er sie deckte.

X

In der Kirche desselben Klosters sahen wir den
Auferstandenen niedergefahren zur Hölle, wie er
mit der einen Hand den Adam, mit der andern die
Eva am Handgelenk faßt und emporzieht. Das
Höllentor war zerbrochen, sogar die zerstückten
Angeln und Riegel waren zu sehen, säuberlich ein-
zeln am Boden. Der Heiland stand auf dem Rücken
des Hades, der in sich zusammengestürzt war. Be-
siegt also Hades, der Beherrscher der Schatten, der
schon immer Fürst des Leeren und Nichtigen war.
Christi Gang in den Hades gehört, wie die Verklärung, zu den Lieblingsbildern der griechischen
Kirche. Ja, die Hadesfahrt hat sogar das Bild des
Ostermorgens ersetzt, dieses Furioso der Malkunst,
berstendes Felsengrab und niederstürzende Be-
satzungssoldaten, das unsere Maler so lieben. Unter zehntausend Bildern des bilderseligen Athos
findet der Gang in den Hades sich oft, der Oster-
morgen sich kaum.
Wie aber kommt es, daß die in den Evangelien so
schwach gestützte Geschichte hier so bedeutungsvoll
wird?
Der Verklärte fährt in den Hades, er steigt zu den
Schatten hinab und zieht sie, ihrer zwei an den
Handgelenken ergreifend, zum Leben, zum Eigentlichen empor. Es wird undeutlich, wenn wir übersetzen: der Auferstandene sei in die Hölle gefahren,
weil unter Hölle ein Ort der Verdammnis vorge-
stellt wird, der Rache und Strafe. Aber »Hades«,

so sagen von jeher und noch heutzutage die Griechen, die diesen Mythos erfanden. Hades: das ist das Schattenhafte, das Unerfüllte, das Sichabhandengekommene. Das Un-Eigentliche ist damit gemeint. Also das, was uns immer, gestern und heute und morgen, grau und öde bedroht. Eben Schatten. Aber die Schemen schmelzen natürlich dahin, wenn das Licht kommt. Das Licht tritt unter die Schatten, das Licht hebt das Schattenreich auf. Dann muß alles Schattenhafte zerflattern. Die Gespenster des Unbewußten, Wesen des Halblichts, des Totenreiches, der Angst, ach, man weiß schon, können alsdann nicht mehr sein. Der Eigentliche tritt unter uns, unter die Uneigentlichen. Verklärung ist alles.

Blicken die Griechen so in ihre Vorzeit zurück? Scheint ihnen, die Antike werde durch den Verklärten an den Handgelenken gefaßt und zum Eigentlichen nach oben gezogen? Gerettet, miteinbezogen die Väter. Aischylos, Sophokles, Platon, auch sie im erschienenen Licht.

Ob Vorzeit, ob gegenwärtige Zeit: es muß alles immer wieder aus dem Uneigentlichen ins Eigentliche gelangen, und niemals aus eigener Kraft. Das ist es. Denn auch wir sind als Griechen geboren und fallen immer wieder, täglich dorthin zurück. Für uns, Adam ist Grieche.

Gibt es ein stärkeres Bekenntnis, Christ *und* Grieche zu sein? Wie schwächlich, wie ungelöst ist daneben unsere Leidenschaft zur Antike: ein Wohnen in zwei getrennten Stockwerken, einmal bei den alten Göttern, von denen wir immerzu reden und an die wir nicht wagen zu glauben, und dann wieder als unentschlossene Christen.

Kein Wunder, daß wir zum Schluß so in die Irre gerieten, in der Antike ein Paradies zu erblicken — obwohl man nur wenig, wirklich sehr wenig Bescheid wissen muß, um zu wissen, daß Kunst, Künstlerschaft niemals aus Paradiesischem kommt. Immer aus Not, immer.

Das Paradies hat keinerlei Kunst, es braucht Kunst nicht: wozu denn, da es ohnehin Paradies ist. Kunst ist immer nur vor den zugeschlagenen Gattern. Paradies ist durch Kunst nicht zu steigern. Die Verwechslung, es sei die Kunst der Antike, die wir so bewundern, auch der Alltag der Antike gewesen, ist simpel. Da müßte doch einer überhaupt keine Ahnung haben, was denn *ein Bild* ist.

Im Kloster Iwiron ist eine Kapelle der Muttergottes als der Himmelspforte geweiht. In der offenen äußeren Halle dieser Kapelle stehen neben Propheten griechische Denker und Dichter: Platon und der Dichter des Oidipus, Sophokles, Solon und andere. So stehen sie an der Pforte der Pforte und dienen Maria Sophia.

Noch ein drittes Mal. Im Kloster Große Lawra war im Eßsaal ein Wurzel Jesse, also ein Stammbaum Christi zu sehen, der die Ostwand des großen Saales einnahm. Aus dem ungeheueren Gerank, das dem Munde des schlafenden Jesse entwuchs, blickten Propheten, unter ihnen aber auch die griechischen Denker und Dichter: auch Homeros, Herakleitos, auch die Tragiker, auch Plutarchos und die Sibyllen.

Daß die großen Griechen mit den Propheten zusammengehn dürften, auch sie auf dem Wege, auch sie Christum treibend: dieser Glaube lag Griechenland immer am Herzen. Justinos, der Philosoph und Martyr genannt wird, denkt als erster diesen Gedanken: das war schon zu Hadrians Zeit. Er sagt: aus dem göttlichen Urgrund seien immer neue Wellen gedrungen und Christus die größte und klarste. Es ist der Gedanke vom saatgleichen Geist, der eine vorgeahnte Verkündigung ist. Uralte Wünsche, uralte Gedanken; die Theologen hören dergleichen nicht gerne. Aber kommt Einer ohne das aus?

Vielleicht muß man auch Grieche sein, um einen solchen Gedanken in seinem Brunnendämmer zu lassen. Vielleicht das Maß eines Griechen besitzen, um dergleichen als eine Möglichkeit stehenzulassen und ein Ja und ein Nein nicht zum Lehrsatz zu machen. Die Griechen waren immer enthaltsam darin.

Das freilich bedarf eines Wissens, das weiß, daß dann, wenn allzu Genaues gewußt wird, sich schon das eigentlich.Wissenswerte entzog.

XI

Am Sonntag, dem 1. November, feierten wir mit
den Mönchen von Karakallu das Fest der Ortho-
doxie. Es ist dies ein Festtag, dessen Sinn man erst
nach einer Weile begreift. Was soll es einem im
ersten Augenblick sagen, wenn man hört, es werde
der Sieg im Bilderstreite gefeiert? So viel oder so
wenig man weiß, der Bilderstreit ist eine staubige
alte Geschichte, voller Greuel und Marter wie unser
Dreißigjähriger Krieg und fast tausend Jahre ver-
gangen. Nur, daß wir heutigen Tags noch vom Bil-
dersieg leben. Freilich, ohne daß wir es wissen;
aber solche Siege sind ja die größten.

Ohne daß man sich in diese Sache vertieft, ist man
nicht auf dem heiligen Berge gewesen. Ikonenwe-
sen ist Herzkammer. Man kommt diesem Herzen
nicht so schnell auf den Grund, muß dem Lot, das
man auswirft, immer noch Faden zugeben. Auch
zeigt sich, daß die Sache ohne Leidenschaft nicht
bedacht werden kann: so ist die zur Zeit bei uns so
besprochene Frage, ob die mythischen Elemente
der evangelischen Überlieferung entbehrt oder nicht
entbehrt, durch Begriffe ersetzt oder nicht ersetzt
werden können, der Bilderstreit unserer Tage.

Die Frage ist, ob man das Göttliche im Bilde, ob
man das Ewige im Gleichnis anschauen könne. Die
Bildergläubigen glauben, in den Bildern der Heiligen seien die Heiligen selber präsent, es sei etwas
vom Urbild im Bild. Jedes Bild somit ein Fenster.
Denn das Bild, so sagen sie, habe Verwandtschaft

zum Urbild und das Urbild ziehe durch jenes. So wie das Bild der Geliebten, des Vaters, der Mutter auch ziehe und ziehe und schaffe Anwesenheit. Das Kind sagt ja auch vor dem Bild: »Das *ist* ja die Mutter!«, es sagt keineswegs, daß die Fotografie die Mutter *bedeute* oder daß eine Ähnlichkeit sei; vielmehr im Bild wird die Mutter, solang sie nicht da ist, geglaubt, beschenkt, beleidigt, gefährdet, geliebt. Im Bild ist sie da.

So geht die Bilderfrage in eines Jeden Leben hinein. Sind wir von Bildern, sind wir von Gleichnissen als von möglichen Fenstern umstellt? Sind wir es nicht? Der Grieche, und wer im Herzen ein Grieche ist, versichert: wir sind es.

Und fährt fort, seit Platon, zu glauben, daß das Bild ein Fenster in der Dunkelheit ist. Einen Sturz ins Bildlose hätte die griechische Seele als Verdammnis empfunden. Wie hätte sie sich mit dem Bildlosen abfinden können? Sowenig wie wir, wie man an den deutschen Worten *Ereignis* und *sich ereignen* ablesen kann: zwei Worten, die so viel für uns taten und die *eraugen* bedeuten, Widerfahrnis durchs Auge. Daß das Vergängliche Gleichnisrang hat, mit der Wahrheit lebt man. Und was soll eine Wahrheit, mit der man nicht lebt?

Wie es den Gläubigen zu Mute gewesen sein muß, als ihnen die Kaiser das Bilderwesen verboten (denn die Kaiser wollten das Göttliche selber darstellen, es war der uralte Gegensatz zwischen dem Stellvertreten und dem Unmittelbaren, zwischen dem Repräsentieren und der Präsenz, und die Kaiser verfolgten die Bilderfreunde so lange, bis eine Kaiserin kam: eine Frau, natürlich, da war alles gewonnen, eine Frau braucht die Bilder) — wie es also den Gläubigen, denen man das Bild rauben wollte, zu Mut war, können wir uns am ehesten denken, wenn wir uns vorstellen, es verbiete jemand um Gottes willen Musik. Denn Musik ist für uns das Fensterhafte an sich. Musik ist Licht durch die Fenster.

Seltsam, daß so etwas zweifelhaft war. Wo doch die Botschaft sich selber in Bildern darbot. Lamm, Hirte, Weinstock und Reben, und das Wasser des Lebens, das Licht und die Tür und der Weg und der Vater im Himmel. Lauter Bilder und Fenster. In jedem dieser Gleichnisworte ist Irdisches zu einem Fenster geworden. Das Lamm: die Ikone aller Ikonen.

So tritt der Gute Hirt lang vor den frühesten Christusbildern in den Katakomben als Christusbild auf. Der Gute Hirt ist *das* Christusbild der ersten paar hundert Jahre. Im Bild eines Bildes also, gemalt *und* im Gleichnis, wird der Heiland gemeint.

Die Katakombenmaler sind auf der richtigen Spur. Sie wissen: Wahrheit will wohnen. Und sie kann nicht anders wohnen als im Bild, im Wort, im Gedicht. Auch sie muß Fleisch werden. Erst dann ist sie der Erde verbunden, erst dann hat sie Schicksal, leidet, freut sich, wird in ihren großen Augenblicken verklärt; erst dann kann sie wachsen und blühen, einziehen, welken, schlafen und wieder zu neuem Leben erwachen, wie es mit jeder Wahrheit so ist. Nun hat sie das Wiederkehren, das der Begriff, der abgezogene Gedanke nicht hat. Cor ad cor loquitur: nun spricht sie zum Herzen. Denn das Gleichnis vom Saatkorn ist das Gleichnis vom Gleichnis und das Bildnis vom Bild: wie die Bilder, die, in die Ohren der klugen und der unklugen Hörer gesenkt, aufgehen und die Gehirne wie die Samenkapseln zersprengen, ob sie es wollen oder nicht wollen, merken oder nicht merken, wie sie wachsen und dreißig-, sechzig-, neunzigmal Frucht bringen, unaufhaltsam, obschon dies und das auf den Weg fällt und die Vögel dies und das fressen: die Frucht geht doch auf. Die Ernte kommt doch.

Denn Bilder sind Fenster, Begriffe aber sind Linsen: man muß sie mit großer Vorsicht anwenden. Wer wird Gott mit Linsen zudringlich anschauen wollen? Warum, warum hätte sonst Christus die Dinge der Welt mit solcher Bildfracht beladen? Jedem Ding zugerufen: auch du bist dabei? Warum sonst wäre dieses Stellvertreten aller geschaffenen Wesen, dieses Sichausleihen, dieses Erhöhen? Das Vergängliche durfte ein Gleichnis des Unvergänglichen sein. Welches Ereignis.

Sieht man ein, daß die Erde ein anderes Gesicht hat, je nachdem ob man dies glaubt oder nicht? In den Bildern liegt der Anruf aller Dinge von oben. Am Bild, am Gleichnis hängt alles mit goldenen Strahlenketten zusammen. Die Metapher, das ist die Liebe unter den Dingen, durchs Bildnis ist alles vereint. In der grenzenlosen Bereitschaft, sich stell-zuvertreten, liegt die Liebeskraft dieser Welt. Welch ein Ereignis, daß das Lamm den Heiland darstellen darf und der Hirt den Erlöser. Welche Würde, welche Rettbarkeit kommt damit in die Welt.

Wenn Gleichnis und Bildwort aus der Mitte der Verkündigung kommt, und es ist so, Säemann, Vater, Königsherrschaft und Himmel: wenn also die Dinge der Welt, und immer andere Dinge, aufgerufen werden, für eine Weile die süße Last der Metapher, die Last eines Heilsvergleiches zu tragen: können sie, wieder entlassen, dann die vorigen sein, die sie waren? Kann der Säemann hinterdrein nichts anderes sein als ein Landwirt und Züchter von Saaten? Stratosphäre der Himmel und der Sauerteig ein Verfahren? Der Vater, jeder einzelne Vater nichts weiter als der Erzeuger von Jungen, das Senfkorn nichts weiter als Semen sinapis, ein Wirtschaftsprodukt, auf Apothekerbüchsen zu lesen? Wenn ein Mal, wie es im Gleichnis von den törichten und den klugen Jungfrauen ist, der Bräutigam stellvertretend für das Kommen der Kraft stand, für den großen Tag und den katastrophalen Einbruch der Fülle —: kann dann jemals ein Bräutigam weiter nichts sein als ein junger Mann, der im Begriff ist, zum Standesamt und auf die Hochzeitsreise zu gehn?

Das ist nicht möglich.

Wenn von der Königsherrschaft Gottes die Rede sein kann, sollte auf den König davon kein Licht zurückfallen? Es fällt. Wenn sich die Hand der Metapher auf Haushalter, Bettler, Schuldner und Nachbar gelegt hat, wenn der Brunnen im Gleichnis ein Mal gedient hat, das Wasser des Lebens zu spenden: so sind alle diese Dinge bezogen und es kann nur durch einen Akt der Verleugnung sein, daß sie wieder abfallen. Freilich, man kann auch die Fenster verhängen, sie auch trüb und blind werden lassen, und Viele benutzen sie lang schon als Spiegel und spiegeln sinnlos immer wieder das eine im andern und vor allem sich selber darin. Aber kann dafür das Fenster?

Wenn Ernte ein Mal für Erfüllung dastand und Heilung ein Mal für Heil, wenn die Dinge dieser Welt es denn wirklich aushielten, die Metaphern des Heils zu ertragen und nicht zu zerspringen dabei —: so kann das nicht ohne Folge, so kann das nicht bedeutungslos sein. Durchs Gleichnis muß eine sakramentale Erhöhung auf die gerufenen Dinge ausgehen, auf Weinstock und Rebe, reifende Felder, Hochzeit, Brot, Eckstein, Groschen und Knecht: eine Verwandlung, die in der Verwandlung von Brot und Wein wohl ihren höchsten, aber nicht einsamen Ausdruck besitzt.

Denn das Lamm *ist* die Ikone aller Ikonen.

XII

Der heilige Berg besitzt keine einzige Straße, so wie er keinen Wagen und kein Fahrzeug besitzt, nur eben diese tausendjährigen Wege. Manchmal sind sie mit Bruchstein gepflastert, damit die Winterwasser sie nicht wie die Wildbachbetten verschwemmen, meist aber sind es einfache Bergwege. Über den ganzen heiligen Berg mag es ein Netz von zweihundert oder zweihundertfünfzig Wegstunden sein; anders als nach Wegstunden kann man, wie in jedem Bergland, nicht rechnen.

Wohl hat sich manches geändert, seitdem die beiden Boote, welche die Küste abfahren, ihre Tuckermotore besitzen; seit neulich, sagen die Mönche. In den Jahrhunderten, in denen sie denken, ist das eben seit neulich. Zuverlässig verkehrt übrigens nur das Boot auf der Binnenseite des Fingers und auch das nur im Sommer, während das auf der Ostseite nur die halbe Küste, und die nur bei ruhigem Meere befährt. Man ist ja an dem von jeher gefürchteten Kap, an dem einst die persische Flotte zerschellte.

So bleiben die Wege. Es ist gut, daß sie bleiben. Man braucht sie, man braucht die Forderung, die sie an einen stellen. Es ist doch wohl so, daß man eine ganze Weile auf dem heiligen Berg gewesen sein und fünf oder sechs Klöster besucht haben kann, und hat nur gerade das Falsche gesehen; das Leichte ist meistens das Falsche.

Freilich, da stellt sich die Frage: habe *ich* das Echte

gesehen? Auf Besuch, was kann man da überhaupt sehen? Das aber weiß ich: was ich als das Eigentliche empfand, das sind nur halbe Stunden gewesen. Nur Beiläufiges, nur Halbverstecktes, und man wird es in dieser Niederschrift auch nur beiläufig und halbversteckt finden. Dergleichen liebt nicht den Auftritt.

Die Wege also, die krummen und steinigen Wege waren es, die mich auf dem heiligen Berge beschenkten. Ich war froh, in dem kleinen Theologen einen Weggefährten gefunden zu haben; die Geher sind nachgerad selten. Auch froh, in ihm einen Drängler zu haben, der begierig war, mehr und mehr und ja auch alles zu sehen und der zudem dieses alles, Griechenland, dieses Meer, dieses Licht, diese Pracht, zum allererstem Mal sah. Waren wir anfangs das nächtliche Wegstück vom Kloster Esphigmenu zum Undorf Karyä zusammen gegangen, so schien es unerläßlich, auch den südlichen Höhenweg auszugehn, wenngleich er nirgendwohin führt.

Wenn man die Höhe des Rückens erreicht hat, ist man auf sieben- oder achthundert Metern und schlägt nun den Höhenweg ein, der während einiger Stunden auf tausend Meter ansteigt. Dieser Weg ist der schönste unter so viel schönen Wegen, die man auf dem heiligen Berg gehen kann. Hochwald von Edelkastanien, helles Grün von der heftigen Sonne durchschienen, duftender Boden, Eichelhähergekreisch, in der Tiefe Waldhügel, Klöster, Einsiedeleien, das Meer. Waldeinsamkeit und der Süden: da kommen zwei deutsche Lieblingswünsche zusammen. Dazu die stählerne Sicherheit dieses Lichts, die genarbten, hingeschmolzenen Flächen: es bleibt wenig zu wünschen. Kommt noch hinzu, daß das alles nicht irgendwo, daß es nicht bloß Natur ist, arkadisch oder georgisch; nicht nur genossene Szene, wie die Riviera, die aus diesem Grund ganz ausgeleert ist; auch nicht Wildnis und nicht exotische Fremde, vielmehr eben der heilige Berg: Mitte einer von uns jahrhundertelang für unentbehrlich gehaltenen, dann wohl romantisch genommenen, uns jedoch keineswegs schon entlassenden Welt.

Während man diesen Höhenweg geht, hat man immer wieder den Athosgipfel vor sich, den pyramidalen, grauweißen Marmor, der, Geheimnis der abgezehrten uralten Gebirge, tagsüber das hundertmal Wechselnde hat: vom Apfelblütenrosa des Morgens bis in ein Stahlblau, dann wieder streifige Schleier aus Sonne, dann eine Wolkenfahne, die vom Gipfel nach einer Seite hin steht, dann wieder nachdenkende Haube. Unmöglich, diesen Berg nicht zu lieben. Da es ja immer nur Liebesblicke sein können, die *sehen;* Liebe macht sehend, nicht blind. Immer werden nur sie es sein, die, alle Täuschung miteingerechnet, und das ist sicher viel Täuschung, wenigstens irgend etwas von der Wahrheit zu sehen bekommen: sie, und nicht die objektiven, forschenden, wissenschaftlichen Blicke, die sich am gründlichsten irren, weil ihr Irrtum nicht einen Frühling und Sommer, sondern immer gleich ein Jahrhundert lang währt.

Merkwürdig, daß es auf dem ganzen heiligen Berg kein Fahrzeug, keinen Wagen, nichts Rollendes gibt, nicht einmal eine Straße. Das Rad, das Zeichen der Arbeitswelt, das Zeichen *der Zeit*, tritt nicht auf, nicht als Mühlrad, Zahnrad, nicht als Schwungrad, in keiner Maschine, kein Getriebe, kein Motor. Vielleicht, daß man einmal ein Wasserrad sieht, und die Uhren. Aber es gibt eben nicht viele Uhren. Dies Gebirg wird vom Geld, vom rollenden Geld, vom Rad und vom Zahnrad gemieden.

Von einem Seitenweg ließen wir uns ein Stück abwärts zu einer Quelle hinführen, die ein vermoostes Steindenkmal hatte, lange Inschrift, ein Zitat aus den Alten Vätern gewiß, wir versuchtens vergeblich zu lesen. So mitten im Laubwald, am heißen Sommertage, leis plaudernd, an die Bergwand gelehnt, war es wie das Monument einer Nymphe.
Da war die Erinnerung an die göttlichen Mädchen also nicht ganz geschwunden, an die zarten Dämonen der Quelle? Da waren sie also hier zu Land nicht verdammt und verachtet und fallen gelassen? Vielmehr eingezogen in die verwandelte Welt? Da Christus der Sieger war, waren sie wohl überwunden. Aber ausgelöscht nicht, und viele von ihnen dienten dem Herrn, der sie, die Brunnen, in Gleich-

nissen angerufen, gewonnen und einvermählt hatte. Und waren sie so nicht besser daran als bei uns, wo die Nymphen wie Schatten nachleben, in den Versen hochgestimmter oder zierlicher Dichter und genauer Altertumsforscher, ein Leben, unwirklich, wie es ein Spiegelbild führt?

Der Athos lehrt, wie Griechenland seinerzeit, als es bewaldet war, ausgesehn haben muß. Der Athos, immer am Leben geblieben, der nie in den traumlosen Schlaf der Geschichtslosigkeit fiel, hat seinen Wald eben immer leidlich gehegt und so ist er dem Schicksal der Mittelmeerländer, Griechenlands, Anatoliens, Syriens, Palästinas, Ägyptens, Nordafrikas, Spaniens, so ist er dem Abtrag der Wälder entgangen. Es ist Unsinn, so oft mans auch hört, die Venezianer hätten um Schiffbaus willen die Abholzung auf dem Gewissen. Sicher haben sie mancherlei auf dem Gewissen, mit dem Wald aber ist es doch so: wenn Geschichte ausläuft, ist es mit dem Wald auch vorbei. Wenn Macht niederbricht, stirbt der Forst. Der Forst ist Quellgrund der Macht, ihre Marke und Ziffer: Königsforst, Jagdgrund, Herkunft des Wunderbaren, Brunnenstube des Märchens. Wald hat Zaubermacht und Macht der Verwandlung, hohe Macht also; aus dem Wald kann alles noch kommen.
Wenn Macht aber zweifelhaft wird, der Gemeinsinn ermüdet, Demeter verraten wird und Ökonomia erlischt, kann der Wald nicht mehr leben. Wenn keine Zukunft mehr ist, kein Vertrauen in

die Zukunft der Kinder, wer soll hegen? Wald ist Sorge: *so eben sieht Sorge aus.* Entwaldung ist Ohnmacht, Fremdherrschaft, aufgegebene Hoffnung, aufgegebenes Spiel. Und schließlich zeigt ein Land dieses preisgegebene, sorglose, nichts mehr vorhabend heitere Gesicht. Es ist das Gesicht dieser Länder. Solcher Länder, die die Geschichte entließ.

Wir hofften sehr, waren aber nicht so recht überzeugt, daß die Klöster in ihrer jetzigen Armut nicht zuviel Holz entnahmen. Auch die Aufforstung, schien uns, war mehr sich selbst überlassen; von Pflanzungen und von Schonungen sahen wir nichts. Man muß damit rechnen, daß, sind erst einmal in einem Lande die Wälder vertan, nicht nur der Wille, sondern, wie hier, auch die Kunst der Hege erlischt.

Holzhacker, die wir arbeiten hörten, nahmen uns mit in ein Kellion, das abseits vom Weg auf einer Waldblöße lag. Es gehörte zum Kloster Dionysiu tausend Meter weiter drunten am Meer. Das Kellion lag wie eine Alm. Waldfrieden; die Blöße war terrassiert, Obstgärten, Ölgärten, Weingärten. Die Holzhauer übernachteten hier; da sie fern ihren eigenen Häusern und Dörfern einquartiert waren, betrugen sie sich auch ungefähr wie die Soldaten; der arme Mönch, ein junger verschüchterter Mann, hatte im Haus nichts mehr zu sagen. Die Holzer, beglückt, einen Grund zur Unterbrechung ihrer lustlos betriebenen Arbeit zu haben, luden uns ins Kellion und ließen Brot, Wein und Käse auftragen; ergeben eilte der Mönch. Sogar »garsoni, Ober!«

riefen sie ihn. So saßen wir auf dem Balkon über Apfelbaumwipfeln, Herbstsonne, das Meer, der Harzwein im Tonkrug war munter, und mußten nur zusehn, daß wir uns nicht schon am frühen Morgen betranken.

Wir gingen den Höhenweg weiter, nun trafen wir keine Seele mehr an. Nach links und nach rechts blickte man auf Schwarzwaldhöhen hinab, rauchende Meiler, Rauch aus Einsiedeleien. Wolkenbäusche schoben sich einmal von unten über Hügel und Wipfel heran, Ausgeatmetes des sonnenbebrüteten Meers, das sich über Land löste. Wohin man schaute, hatte Caspar David Friedrich gemalt. Wie Vielen hat er die Augen geöffnet: soll jemand doch sagen, was kann Einer mehr tun? Fürs Zeichenhafte geöffnet. Auch die Wetterkastanie, riesenhaft, weißgrau, von Spechten bewohnt, die wir lange umstanden, sogar betraten, denn sie war hohl hat er zum ersten Male gesehen, mit der Schwermut, die sich löst, wenn man sie ins Gedicht, ins Bild zu bringen, sie beim Namen anzurufen vermag: also kann Einer mehr tun?
»Gut so, Panagia zahlt!« pflegte der Einsiedler Joannis zu rufen, wenn wir von Wegstunden sprachen, wobei er zwei Finger rieb; gut also. Es war uns zwar neu, daß Panagia, die Gottesmutter, die Wegstunden zahlte, aber sie hatte ja manche Mildigkeit, von der wir bis dahin nichts wußten. Da verdienten wir uns ein ganz schönes Geld. Das wenigstens kann mir keiner vorwerfen, ich hätte

den heiligen Berg, den umblauten, besonnten, nicht von allen Seiten umworben. Wie aber hätten wir schöner bezahlt werden können als schon durch die steinigen Wege?

Von Panagia also mit träumerischen Bildern beschenkt, waren wir den Höhenweg bis zu Ende gegangen, bis zum Anstieg des Gipfels, den man aber von dieser Seite nicht angehen kann. Der Weg teilt sich und führt nach beiden Seiten zum Meere hinab, nach Osten und Westen. Erfüllt von Sonne und Weite dachten wir nicht, daß uns das Schönste des Tags noch bevorstand. Wir tauchten in die Tiefe hinab, immer noch lichte Kastanien, dann eine engerwerdende Schlucht; blauer und blauer richteten die Athoswände sich auf, umglänzt und umwoben, und zogen gewaltig: ich spüre ihn noch, diesen Zug. Wir gelangten in eine Flur, die von rumänischen Eremiten bewohnt wird, Lakku; fast nie kommt ein Fremder dorthin. Und doch, dieser Grund ist das Allerschönste auf dem ganzen heiligen Berg. Wir merkten es, als wir uns näherten; es gibt für die Glückstunden des Reisens ein Schwellengefühl wie bei jedem anderen Glück. Ungeheure Zypressen wuchsen uns nunmehr entgegen, der Kastanienwald hörte auf, an den steilen Schluchtwänden Häuschen verstreut, Almhütten des Südens. Eine Kirche auf rundem, grau-altem, hoch über die Tiefe gebautem Altan, alte Mauern. Alles von pathetischen Zypressen bestanden. Ein Wildbach rauschte von unten. Die Luft, feucht, almenfeucht, wie es im Süden sonst nie ist, und droben schlug die Nachmittagssonne Bahnen durch die Schattenräume des Bergs. Die Heimatkraft, die von diesem Tale ausging, war so, daß sie mich immer noch zieht.

Wir legten uns der Länge nach auf die Mauer, die den Altan der Bergkapelle umschloß. Wir lagen nicht lange, da holten uns zwei Mönche ins Haus; Gäste sind selten im Talgrund. Wir bekamen ein Essen. Tomaten in Öl eingeschnitten und Wein und Brot und ein Trockenboden lag voller Nüsse. Vom Gouverneur, der selber noch nie bis dorthin gedrungen war, hörten wir später, die Mönche von Lakku seien die Ärmsten der Armen; es wächst dort fast nichts mehr, nur Nüsse gibt es; Milchwirtschaft, die man dort allenfalls treiben könnte, verbietet sich ja. Im Winter seien die Mönche oft Monate eingeschneit, dann müsse er sie mit Brot unterstützen. Uns erzählten die Mönche, es kämen das ganze Jahr über etwa dreißig Fremde ins Tal, doch waren darunter nicht Fremde wie wir zu verstehn, vielmehr Holzhauer und die Gendarmen auf ihren Gängen.

Von der Kirche ab zog sich die Siedlung fast bis zum Meere hinunter, also ein oder zwei Stunden, Pfade, immer neu und immer anders gewunden, Ölgärten, Weingärten. Und immer wieder eine Terrasse, immer wieder ein Haus, weinüberrankt, ein Altan, zypressenbewacht. Nie, auch auf Kreta nicht, wo es doch am stärksten so ist, hatte ich so wie hier das Gefühl, in die Landschaft eingegangen zu sein, die das alte Griechenland war und von der wir ja nur noch Reste besitzen, schwer zu entziffernde Reste: morgenfeucht, jung, waldig und frisch, quellenstark, schollig, wo es jetzt abgenagt ist, bergig, hoch aufatmend, zu starken Blutstößen zwingend und bei allem der starke Emporriß: eine Landschaft, die jede kleine Lösung verachtet, eine Landschaft, in der kein Mensch ohne Gottesfurcht lebte und auch jetzt noch keiner ohne sie lebt.

XIII

Als wir die Große Lawra betraten, hatten wir die Empfindung: goldene Stadt; diese Felsenklöster sind alle nach dem geheimen Urbild von Zion, der himmlischen Stadt, angelegt. »Jerusalem, du hochgebaute Stadt« also; dabei gefiel uns besonders, daß dieses »hochgebaut« in Verbindung mit »Stadt« nichts weiter als das übersetzte und fortgedachte »Akropolis« war. Indessen, daran hat der Koburger Pfarrer Johann Matthäus Meyfart, als er im achten Jahr des Dreißigjährigen Kriegs dieses Lied an den Schluß einer Predigt gesetzt hat, schwerlich gedacht. Die Pressung, die ihm das Stoßgebet abrang: »... wollt Gott wer ich in dir«, ließ nicht zu, daß an eine Stadt dieser Welt gedacht wurde, mochte sie noch so göttergleich, dauerhaft, noch so »ewige Stadt« sein. Die hochgebaute Stadt, die er sah, ist ja immer nur für Momente und immer nur unter Druck zu eräugen, Eräugnis in tiefer Bedrängnis. So und nur so konnte kommen, daß dieser niemandem weiter bekannte Koburger Pfarrer das vollkommene Gedicht der Jenseit-Hinwendung schrieb, diesen für alle Zeit gültigen Ausdruck im Deutschen für das, was Ungeduld aus der Zeit, auf die Letzten Dinge hin ist: eben das, was auf dem Athos gelebt wird.

Kloster Lawra also, welches das älteste und das reichste des heiligen Berges und übrigens auch sein abgelegenstes ist, gleicht einer hochgebauten, zinnengekrönten, uralt befestigten Stadt, so stopfen sich Fronten und Flügel und Dächer, Kuppeln und Türme zusammen; hohe Zypressen schießen aus den Mauerkränzen hervor. »Legome Luvaris, ich nenne mich Luvaris«, hatte unser Freund beim Überschreiten der Torschwelle in gebändigter Würde gesagt; das hatte zur Folge, daß nach wenigen Augenblicken der Abt und sein Schreiber aus dem Verwaltungsbau kamen und uns mit Freuden empfingen.

Wir standen im Klosterhof, das Gepäck war noch auf die beiden Esel geschnallt, denn wir waren sechs Stunden zu Fuße gekommen, der Treiber löste die Schnüre, die einzelnen Stücke fielen aus dem Verband und wurden aufs Pflaster gesetzt. Jemand rief: »Awakum!« über den Hof, und ein Mönch, wohl der niedersten Klasse, mit einer schmutzigen Arbeit beschäftigt, zerlumpt, gegen uns her den Rücken gewandt, warf seine Geräte zur Wand und eilte herbei, um uns die Säcke, Koffer und Taschen über die große Treppe zu tragen. Noch sehe ich ihn vor mir und hoffe, ihn solang ich lebe, vor mir zu sehn: wie er herankam, schlotternd, das Bild eines Wüstenasketen, wie man Johannes den Täufer malt, beschmutzt, zerzaust und verwildert, bloß daß dergleichen gemalt eben doch besser anzusehn geht.

Wir wehrten ab, uns so bedienen zu lassen, auch der Abt litt nun nicht, daß sich der geistliche Vater mit den Lasten belüde, die sich der seltsame Mann, diensteifrig und wegdrängend, aufzunehmen anschickte. Erst viel später wurde mir klar, daß dieser Mönch derselbe Habakuk war, den der Gouverneur uns im Voraus angezeigt hatte. Nämlich, was wir unter dem Namen des Propheten Habakuk kennen, heißt altgriechisch Abakum, Ton auf der letzten Silbe, und wandelt sich in der lebenden Sprache zu Awakum ab. Wenn wir nach der Lawra kämen, hatte der Gouverneur uns gesagt, sollten wir ja nicht vergessen, uns zu Pater Habakuk führen zu lassen, und er lachte dabei, so daß wir die unbestimmte Vorstellung hatten, daß dieser Habakuk ein Original und eine Sehenswürdigkeit sei. Nun erfuhren wir also, daß dieser Mönch die Seligkeit hatte, zu dienen, ja, geradezu eine Besessenheit, jedem Nächsten und Besten dienstbar zu sein und die niedrigsten Geschäfte, die jeweils anfielen, auf sich zu nehmen.

Wir wurden am Abend ins Gebäude des Abtes zum Essen geladen. Es gab reichlich, zu reichlich; Lawra ist ein vermögendes, und, wie der Ausdruck heißt, idiorhythmisches Kloster, in welchem jeder Mönch auf seine Art wohnt, ißt und trinkt, ohne gemeinsame Tafel; man darf auch Vermögen und Bedienung besitzen; es ist ohne Zweifel eine Entartung, ein Abfall von der alten Idee.

Wir saßen also in einem niedrigen Raum, in dessen Winkel sich der Ausgang zur Küche befand; man sah das Gewölbe und den offenen Kamin und das flackernde Feuer, wo Fleisch briet. Es gab mehrere schwere Gänge und einen ziemlich dicken, feurigen Wein. Aus der Küche drängten die dienstbaren Geister mit Schüsseln; es belustigte uns, daß der Küchenmönch Lazaros hieß; immer, wenn irgendwas fehlte, schrie man »Lazare! Lazaree!« — von übler Vorbedeutung, wie wir bemerkten, da dieser Name die Erinnerung an den Tisch des reichen Mannes beschwor, von dessen Brosamen sich der arme, schwärenbedeckte Lazarus nährt, die Erinnerung also an dieses unerbittliche, alle Satten richtende, alle Reichen vom Heil ausschließende Gleichnis drängte sich dermaßen auf, daß man sich fragte: sieht denn das keiner?

Wir waren mit dem Essen zu Ende, als der Abt anbot, den Pater Awakum aus dem nächtlichen Hofe holen zu lassen. Eine bizarre Idee: den Asketen zu den Satten zu rufen, also mitten in ihre schwächste Situation. Doch dem Abt lag anscheinend daran, daß dem berühmten Athener Professor eine Merkwürdigkeit des Klosters vorgeführt werde. Und schon hatte der Sekretär, ein gewandter, zu fettem Gelächter neigender Mann, Befehl an die Küche gegeben, man möge Pater Awakum bitten. Und alsbald trat Awakum ein.

Er kam durch die Küchentür und schien mit den dort beschäftigten Leuten einen Scherz gemacht zu haben, denn er lachte und alle anderen lachten, während er die Küche verließ. Der Abt sagte: »Awakum, setz dich her, wenn du nichts Besseres vorhast; es sind Gäste da, aus Deutschland und aus Athen, und sie wollen sprechen mit dir. Trink ein Glas Wein mit uns, wenn du willst.« Awakum warf den Kopf verneinend in den Nacken zurück, ließ das angebotene Weinglas vorüber gehen und sagte:

»König Salomon spricht: ›Gebt Wein zu trinken denen, deren Herz traurig ist, damit sie ihren Kummer vergessen und an ihr Elend nicht denken.‹ Ich bin aber keineswegs traurig, heut nicht und niemals, wie du weißt, Abt; warum also soll ich Wein trinken? Wenn ihr die Melancholie habt, so müßt ihr trinken, natürlich. Da ihr alle trinkt, wie ich sehe, so habt ihr sicherlich Trauer und Sorgen, sonst tränket ihr nicht, so wie ich nicht trinke, denn ich brauche es nicht.«

Dagegen war wenig zu sagen; wir lachten und fühlten uns einigermaßen getroffen. Auch der Abt lachte, als wolle er sagen: »Was will man da machen? Der Narr hat auf seine Art recht.«

»Also trinkt!« fuhr Awakum fort. »Auf eure Gesundheit! ›Werdet trunken‹, wie der Prophet sagt, ›doch nicht vom Wein! Taumelt, doch nicht vom Branntwein!‹ ›Wenn der Tag des Herrn kommt, dann werden die Berge vom süßen Most triefen.‹«

Er zitierte die Stellen aus dem Alten Testament in der Sprache der Septuaginta, also altgriechisch, während er seine eigenen Bemerkungen in der Volkssprache der Neuzeit, der Dimotiki anfügte. Es war nämlich so, daß der seltsame Heilige zu jenen Sonderlingen gehörte, welche die ganze Schrift, beide Testamente, vollkommen auswendig können. Man kennt dergleichen aus der östlichen Welt von Derwischen und buddhistischen Mönchen, die ihre heiligen Schriften in einer Worttreue auswendig wissen, die unseren papierenen Gedächtnissen gar nicht mehr vorstellbar ist. Obwohl solche

Leistungen für sich allein kein Beweis von Gelehrsamkeit oder gar von Heiligkeit sind, war aus der Schlagkraft und Schärfe, mit der dieser Mönch seine Kenntnis anwandte, auch den Humoren, ohne weiteres zu spüren, daß es um mehr ging als bloß um Auswendiggelerntes; man spürte die Stöße, man spürte die Schläge, die von dem Lumpenmanne am unteren Tischende kamen.

Denn er saß am unteren Tischende, aber auf einmal war dieses Tischende oben. Er saß da, das Gesicht von Gräben durchzogen, die Augen geschlitzt, der Bart verwildert, auf dem Haupt einen Topfhut aus grauem schäbigem Filz, der eher lächerlich war, und das alles wäre nichts Besonderes gewesen, wenn er nicht diese unglaubliche Freude ausgestrahlt hätte.

»Ich bin ganz Freude, ganz und gar Freude, olo chara, olo chara«, darauf kam er in seinen Reden immer wieder zurück. »Hätte ich Grund, das zu sagen, wenn es nicht wirklich so wäre?«

Dies Letztere war in der Tat ein Argument, an dem man nicht vorübergehn konnte: was hätte ihn und viele andere Asketen, die uns ähnliches sagten, veranlassen sollen, es zu behaupten, wenn es nicht wirklich so war? Man kann vielem nicht trauen, was die Menschen so über sich sagen: besonders geht es den meisten durchaus nicht so schlecht wie sie meinen; sagt einer aber immer wieder mit Nachdruck, er sei glücklich und fühle sich wohl, so wäre es widersinnig, es besser wissen zu wollen.

»›Es freut sich die Sonne wie ein junger Mann,

wenn sie ihre Himmelsbahn läuft!‹« fuhr er fort, »sagt David, und Baruch sagt: ›Die Sterne sind fröhlich, sie glänzen auf ihren Posten vor Freude; es rief sie der Herr, sie antworteten: ›Hier!‹ und mit Freuden leuchten sie ihrem Erzeuger.‹ Freude ist der Äther, der alles verbindet, die Freude hält Gott und die Schöpfung zusammen; Melancholie ist, was sie voneinander entfernt, Verdrossenheit ist das Fremde. ›Ich freue mich, daß ich mich freue in dir‹, sagt der Psalm. Die Freude ist die Verbindung mit Gott, die Einheit mit ihm. Der Mensch ist zur Freude, nicht zur Trauer geboren. Warum holt er sich seine Freude von den Abgöttern? Glaubt es, Kinder, die lassen sich ihre Freuden bezahlen. Gottes Freude kostet nichts, ich zum Beispiel könnte sie sonst nicht bezahlen, denn ich besitze nichts auf der Welt. So spreche nicht allein ich, genau wie ich sprechen alle meine Brüder, die nichts besitzen als Gott. Sie alle sind voller Freude.«

So sprach der seltene Mann, schnell, mit Bestimmtheit und Schärfe, und von seinen mageren Armen fielen die Kuttenärmel zurück und entblößten das Fleisch. »Auch ich war einst traurig, auch ich kenne den Abscheu, den Kleinmut, die Leere und die Melancholie, aber das ist lange vorbei. Ich weiß nur noch von Freude.« Er hatte, wie wir später erfuhren, an die zwanzig Jahre als Einsiedler in den Südfelsen des heiligen Berges, der sogenannten Eremia, das heißt also: Wüste, gelebt. Als Kind hatte er nicht einmal die Volksschule zu Ende besucht, nicht einmal die ersten vier Klassen, und konnte kaum lesen. Jetzt aber hatte er ganze Bibliotheken in sich.

Wir hatten in den Tagen zuvor des öfteren über die Bilderverehrung, also über die Ikonen gesprochen; das griff jetzt Luvaris auf. Ohne Zögern fing Awakum an, ganze Stellen aus Kirchenvätern zu sagen, die sich, in offenem Widerspruch zum Alten Testamente und Paulos, zu der Überzeugung bekannten, daß der Mensch nur in Bildern zu Gottes Herrlichkeit aufschauen könne.

»Er weiß Dinge«, bemerkte Luvaris einigermaßen betreten, »die sonst nur Universitätsprofessoren bekannt sind.« Aber, so hätte er hinzufügen können, die *kennen* sie meistens ja nur, während jener sie *wußte*. Denn er hatte sein Leben *gegründet* darauf, und er hatte die Folgen gezogen. Er wußte nur das auf der Welt, was sein Heil ausmachte, und alles andere wußte er nicht und kannte er nicht und hatte er nicht. Die Wissenschaft aber, die sich von jeher mit der Kenntnis begnügte und im Augenblick des Gedruckten ihre Himmelfahrt hat, läßt nichts aus; immer noch mehr, immer noch mehr will sie wissen, und sie zieht keinerlei Folgen daraus.

Nein, um die Menge des Wissens war es diesem Pater ecstaticus bestimmt nicht zu tun; das Wissen des Nicht-Wissenswerten, das unser aller Besessenheit ist, hatte, soviel war sicher, keinerlei Macht über ihn. »Ich habe mich leer für Christos gemacht«, rief er aus, »in mir ist nichts als der Herr. Nichts als der Herr und die Freude! Die Armut ist schön, denn sie macht leicht, sie macht leer; leer muß man sein, wenn Christos einziehen soll. Ist nicht das Leere notwendig, wenn Erfüllung sein soll? Das ist doch nicht schwer zu verstehen, oder ist es?«

Nein, schwer zu verstehen war es eigentlich nicht; ich blickte mich um, es stand auf keinem von allen Gesichtern etwas von einer besseren Auskunft zu lesen. Eher von Neid, weil die Lösung so einfach, so grenzenlos einfach und so unendlich weit zurückliegend war, und jeder von uns hatte auf seine Weise versäumt, sie zu finden.

Auf die Frage, wie er zu so inniger Kenntnis der Schrift gelangt sei, erwiderte er: er habe Gott ohne abzulassen gebeten, ihn zu erleuchten. Aus Eigenem habe er es bestimmt nicht vermocht, daß er nun die Schrift und die Väter so in sich trage und kenne; es sei eben eingezogen in ihn.

In der Eremitei habe ihn eines Tages die unbändige Lust ergriffen, zu dienen, der Letzte zu sein, und deshalb sei er vor einigen Jahren ins Kloster gekommen. Doch schien der Sonderling vom Gehorsam seine eigene und gesunde Meinung zu haben: er ging überhaupt nicht zur Kirche, schon seit siebenundzwanzig Jahren nicht mehr, was für einen Mönch, einen Mönch im Kloster, immerhin bemerkenswert war. »Jedermanns Knecht und niemandem Untertan«, genau so war es mit ihm. Hundert Male hatte er dem Abt auf seine Vorhaltungen zur Antwort gegeben: »Wenn Christos in mir wohnt und ich in ihm und ich nachtsüber mit

Christos rede in meinem unaussprechlichen Glück, was brauche ich da zur Kirche zu gehen?« Was aber das Erstaunliche war: man ließ diesen Narren in Christo gewähren, ohne es zu irgendeinem Bruche kommenzulassen. Wir fanden, daß dies den Kirchenobern hoch angerechnet werden mußte; offenbar hatte man hier zu Land nur ein geringes Talent zum Ketzerverbrennen: in der Tat hat man in der griechischen Kirche nie, niemals Ketzer verbrannt. Man fühlte sich also noch immer unverhärtet, noch immer christlich genug, um urchristliche Christen, wie sie einer Kirche hie und da gnadenweise gesandt werden, unter sich wandeln zu lassen. So ließ man ihn wandeln, obschon er, wie seinesgleichen von jeher, durch seine bloße Anwesenheit ein Ärgernis war, das fortwährend alle beschämte: die für sich lebenden, vermögenden Mönche, den würdetragenden Abt, die neugierigen, nur so auf Probe kommenden Fremden.

Er wohnte erbärmlich; wir sahen es, als wir ihn am nächsten Tage aufsuchten. Es war bestimmt die allerkümmerlichste Zelle des Klosters, ein windiger Raum, in einem baufälligen Flügel gelegen; man gelangte über verfallende Treppen, Galerien und Winkel dorthin, so daß ich zu Luvaris während des Fragens und Suchens bemerkte: »Ich glaube, daß wir hier richtig sind, es sieht wirklich so aus, als ob es zu Awakum ginge.« Als wir ihm dann irgend etwas auf seine Armut Bezügliches sagten, erwiderte er: »Wenn Christos in mir ist, ist Freude in mir; in jeder Höhle wird alsdann Freude sein müssen.«

Im Kloster war er damit beschäftigt, den Schnaps, den Treberschnaps herzustellen und auszugeben, wie er dem ankommenden Gaste zum Willkomm vorgesetzt wird. Wir waren etwas verwundert, als wir von diesem Geschäft des ekstatischen Paters erfuhren, aber auch dieser Zug schmolz uns schnell in das Bild des Wundermanns ein. Gern denke ich ihn mir jetzt, während ich lese und schreibe, wie er dort drunten am Ende der Welt in der dunklen Seitenstube der aufgelassenen Trapeza aus- und einfährt, von Vielen gerufen, immer fröhlich und immer zur Stelle, mit aufgekrempelten Ärmeln hantierend, und wer immer einkehrt im Kloster, Holz- und Ölarbeiter und Fremde, dem wird ein Raki gespendet, so wie uns damals, auf dem uralten Steintisch, mit den tröstlichen Worten: »Trinkt, trinkt! ›Brot stärkt‹, sagt der Psalm, ›aber der Wein entzückt unser Herz.‹«

Soviel war sicher: dieser franziskanische Mensch zog die Mitmenschen an wie eine Heilquelle; in seiner Gegenwart erschien alles in einem helleren Licht; es war etwas da, das den Traurigen zwang, seine Nähe zu suchen und sich einen Anteil von seinem Überflusse an Freude spenden zu lassen.

Nur daß es falsch wäre, ihn in allzu mildem Scheine zu sehn. Denn, wie er so am Tischende des halberleuchteten Eßraumes saß, in der Tiefe der Szene, und man das Gefühl hatte, etwas Vergleichbares irgendwann irgendwo schon einmal gesehen zu haben, es konnte im Traume gewesen sein oder auf einem Blatte von Rembrandt, ja Rembrandt, da ja

Seher wie er mit den alten Propheten das Gemeinsame haben, daß man sie hört und auch wieder nicht hört und daß sie in die Hände der Wechsler, das hieße in seinem Falle, der Kunstkenner und Historiker fallen —: wie er so saß, war es gut und auch wieder keineswegs gut, in seiner Nähe zu sein. Denn er saß und verteilte die Rollen. Er verteilte sie, mit der Freiheit des Knechts, ohne im geringsten zu fragen. Er warf Jedem seine Rolle wie einen Reif über den Kopf und Jeder nahm sie entgegen — gerade die Rolle, die Jeder um keinen Preis hätte annehmen dürfen. Luvaris wurde zum Schriftgelehrten; mit grenzenloser Verwunderung bemerkte ich einen vorher niemals gesehenen Zug von gelehrter Herablassung an ihm, so als leugne er nicht, daß es möglich sei, daß auch ein anderer etwas von theologischen Dingen verstünde. Der Abt seinerseits, großer Herr von Lawra, kam als Würdenträger heraus, als der Prächtige, für den im Evangelium kein Platz ist, es sei denn der des Empfängers von Steuern und Zinsen. Und der Sekretär, dessen Finger auf einmal etwas unausstehlich Fettes und Zappliges hatten! Wie er sich vor Lachen über den komischen Awakum ausschütten wollte! Und dabei war nicht einmal klar, ob er es nicht in vollen Zügen genoß, daß der geringe Bruder dies und das sagte, was seinem Dienstherren abträglich war.

Was aber uns andere betraf, so waren Nikodemusse unter uns, die verstummten, und schlafende Jünger, auch Thomasse, was ja am häufigsten ist, und insgesamt waren wir alle reiche Jünglinge, viel zu verstrickt in das, was sie innen und außen besitzen, als daß sie daran denken könnten, ihr Leben zu ändern.

Im Dunkel des Hofs sagte Luvaris: »Er kann jeden Gelehrten beschämen. Der arme Mensch ist viel reicher als alle Weisen und viel klüger als alle Gelehrten der Welt. Er ist wirklich erleuchtet.«

Ein Christ ist ein seltener Vogel, sagt Luther. Weit muß man fahren.

Endlich Christentum; endlich einmal keine Theologie.

NOCH EINMAL AWAKUM

Ein Jahr später kam ich ins Lawra-Kloster zurück Es dämmerte schon, und wir hatten Sorge, die Klostertore noch offenzufinden. Kaum war für die Unterbringung gesorgt, triebs mich nach Awakum auf die Suche zu gehen. Ich betrat den Seiteneingang des Trapeza-Gebäudes: hier wars doch, hier mußte Awakums Wirtschaft doch sein. Die Höhle war dunkel, keine Hand vor den Augen zu sehen. Ich kehrte ins Freie zurück, es war mittlerweile finster geworden. Gegenüber ein Schuppen, darinnen spärliches Licht. Ein paar bretterne Stufen den Schuppen hinauf. Ich rief aufs Geratewohl: »Patir Awakum!« Aus der Tiefe kam Antwort. Also wieder die bretternen Stufen hinab, um den Eingang in ein unteres Stockwerk zu finden, der

Schuppen stand einen Abhang hinab. In der Tat ein tieferer Eingang, doch hier erst recht dunkel. Wieder zurück, um im oberen Stockwerk die Quelle des Lichtscheins zu finden. Mit der Taschenlampe ließ sich die Außenwand eines ungeheueren Fasses erkennen; es war offenbar in die Tiefe des Schuppens versenkt und ging durch das Stockwerk. Eine Leiter war angelehnt und führte zu seinem oberen Rande empor, ich blickte über die Kimme und sah, nicht ohne Ähnlichkeit mit Johannes dem Täufer in der Gefangenschaft seiner Zisterne, in der Faßtiefe Awakum mit einer Windlampe werken. Er fegte und schrubbte. Ich rief: der Deutsche sei wieder da, vom vorigen Jahre, mit Luvaris. Er rief zurück, das sei recht, das sei gut, ohne es überraschend zu finden; da es auf dem heiligen Berg wenig Nachrichten und keine Verkehrsmittel gibt, ist alles Gegenwart, alles ganz nah. Er rief noch, daß morgen Weinernte sei und eine schwere Menge zu tun; der Regen, der erste nach sechs oder sieben Monaten Dürre, war nämlich in der Lawra vor wenigen Stunden als kurzer Hagelschlag niedergegangen, nun sollten andern Tags alle Väter mit Sonnenaufgang in den Berg. Aber er komme in einer Minute, müsse mir doch Raki einschenken, eine Minute. Alsbald erschien denn auch überm Faßrand ein struppiges Asketengesicht, vom Schein eines Windlichts umzuckt: die Erinnerung an den emportauchenden Jochanaan drängte sich abermals auf. Wir umarmten uns, das Bartzeug stach mich wie damals; ich hatte ihn nämlich im Vorjahr in momentaner Rührung umarmt, ohne zu wissen, daß Habakuk »die Umarmung« bedeutet. Er war vom Geruch des Fasses umwölkt.

Wir waren von zehn Wegstunden einigermaßen erschöpft, bekamen mehrere Rakis und ein kandiertes Birnenkompott, das er selbst gemacht hatte und aus irgendwelchen Höhlungen kramte. Wir lobten es sehr. Er meinte, ich hätte doch schon zum Gipfelfest der Metamorphosis im August kommen wollen; ich erwiderte, wir wollten erst hin. Da brauchten wir kein Wasser mit hinaufzunehmen, versicherte er, was die Leute auch sagten; er habe nämlich im vorigen Sommer die Zuläufe zu beiden Zisternen, der Panagia-Zisterne und der auf dem Gipfel, wieder in Ordnung gebracht und es gebe jetzt Wasser.

Am andern Morgen, als wir uns von ihm verabschieden wollten, trafen wir ihn in voller Tätigkeit an. Er hatte jetzt Bretter in eine obere Zone des Fasses gefügt, ein Maultier nach dem andern traf ein, jedes mit zwei Bütten beladen; auf dem Bretterrost häufte es sich zu gewaltigen Traubengebirgen. Panagias Segen sei das, rief uns Awakum zu; ich nahm es zur Kenntnis, daß die Muttergottes es ist, die den Wein gibt; Gott Vater wird nicht in allen Fällen bemüht. Mit mageren, bloßen Beinen stampfte Awakum über den Traubenberg, sich an Seilen festhaltend, die er in Höhe erhobener Arme über sich ausgespannt hatte; der Most rann zwischen den Bretterlücken hindurch. »Kilometer werden das sein, die du gehst bis zum Abend«, rief ich ihm zu, aber kaum daß er sich Zeit nahm, mit der Hand die Schaufelbewegung zu machen, die auf griechisch bedeutet: »allerdings, allerdings!« Es war eine viel zu schwere Arbeit für den schwächlichen Mann. Aber er ließ sichs nicht nehmen.

Er hatte, kaum daß er unser ansichtig wurde, in dem Gebirg unter sich nach ein paar besonders schönen Trauben gesucht; um sie richtig zu sehen, hielt er sie dicht an die Augen. Mir war mit einem Mal deutlich, wie sehr von Entbehrungen und Anstrengungen dieser Körper hergenommen sein mußte. Ein Maultiertreiber wurde nach zwei Brotlaiben für. uns geschickt. Das war das letzte, was Awakum für uns tat.

Werde ich den seltsamen Mann je wiedersehen? Nicht wahrscheinlich. So will ich ihn auf der Kelter stampfend im Gedächtnis behalten.

Der Gouverneur, der meine Neigung zu Awakum kannte und teilte, hatte erzählt, irgendwo in der Eremia habe Awakum allein mit seinen Händen eine Kirche gebaut; ich war davon einigermaßen berührt, weil, was wahrscheinlich weder dem seltsamen Heiligen noch dem Gouverneure bewußt war, die Legende von Franziskus dasselbe erzählt und weil Awakum aus des Franziskus Geblüt war. So ließen wir uns es der Mühe wert sein, Awakums Kirche zu suchen; unweit des Rumänen-Klosters Prodromos sollte es sein. In Prodromos zeigte man uns den kleinen Kirchenbau vom Balkon aus. Mitten in die wüsteste Wüste also hatte der seltsame

Mann seine Kirche gesetzt, auf eine öde Hochfläche, die nur von niedriger Steineichen-Macchia besetzt war, darüber die Felsen des Athosgebirges. Nachdem wir uns durchs Stachelgebüsch ohne Weg gekämpft hatten, gingen wir um das Bauwerk herum, bewunderten alles, den schönen Verputz, drückten die Holztür, in deren zwei Flügel eine Kette gehängt war, eine Handbreit auf, sahen, daß die Wände im Innern noch unverputzt waren, aber es hingen schon die Ikone, die er auch selber gemalt haben sollte. Durchs kleine Fenster sahen wir den Teller mit geschnittenem Brot, welches am Ende der Liturgie an die Gläubigen ausgeteilt wird, dabei eine Flasche mit Wein; wie es zum sorglosen Stil dieses Landes nun einmal gehört, war noch das Cacao-Likör-Etikett einer Firma aus Thessaloniki daran. Hellgrüne Rosmarinbüsche waren im Umkreis gepflanzt. Verblühte Zistusrosen und neuer, schon aufgeblühter Safran.

Ein paar hundert Meter entfernt begann der jähe Absturz der rostroten Felsen zum Meer, die Südküste, die Eremia, die Einsiedelei. Hier also hatte der besondere Mann ein Menschenalter gelebt und sich aus der Schrift und den Vätern seine lebendige Botschaft gezogen, von der er nun völlig gebeizt war, durchdrungen, nichts anderes in ihm und außer ihm. Um zu hören, hatte er sich ganz und gar in die Schanze geschlagen, das heißt: in die Möglichkeit, in die Hoffnung.

XIV

Schon zu Haus hatte ich den Süden der Athoshalbinsel auf der Karte mit Spannung betrachtet.
Dort hausten die Eremiten, späte Nachfahren jener
Ur-Einsiedler in der ägyptischen Wüste und ersten
christlichen Mönche, der sogenannten Anachoreten,
was eigentlich Bergwaller oder Hinaufgeher heißt,
weil sie sich, ganz wie diese hier, zu immerwährendem Gotteslob in die ausgesetzte Einsamkeit
des Gebirgs zurückzogen.

Die Einsiedler auf den Südfelsen des Athos, so
hatte ich gehört und gelesen, lebten in Felsenhöhlen und unzugänglichen Nestern hoch überm Meer;
nur mit Mühe, so hieß es, könne man auf dem
Landweg zu ihnen gelangen; die Felsen, das war
auch auf der Karte zu sehen, stiegen direkt aus dem
Meer viele hundert Meter empor. Zum Beweis
dessen trug die Landschaft, in der diese Unbedingten ihr Leben verbrachten, den Namen Karulia, das heißt Rollen; mit Aufzügen mußte ihnen
was sie zum Allernotwendigsten brauchten, vom
Meer aus zugeführt werden.

Ich war nicht so einfältig zu glauben, durch eine
Besichtigung, eine Reise, ließ sich etwas von dem
Geheimnis eines solchen Alleinseins mit Gott wie
im Raub und zur Probe erfahren; auf dem heiligen
Berg wie anderswo auf der Welt erfährt man nichts,
nichts, das man nicht zu dem einzigen Preis, den
es gibt, mit Leben, und in der einzigen Währung,
die dafür angenommen wird, in Zeit, Lebenszeit

zahlte; hier liegt die Gefahr allen Denkens, das immer ein Ausflug ist, und besonders der Theologie.

Wohl auch wäre es angemessener gewesen, allein zu den Alleinigen, als Einzelner zu den Eremiten zu gehen, doch das war nun nicht zu ändern. Beim ersten Mal schloß sich auch die Möglichkeit aus, den Landweg über die Felsen zu nehmen; Luvaris hatte uns schon auf dem leichten sechsstündigen Ritt nach der Lawra Sorgen gemacht. So blieb nur die Hoffnung, der gute Gouverneur werde uns das Boot um die Inselspitze zur Lawra entsenden, wofür Voraussetzung war, daß das Wetter gut blieb. Oktober; Wolken, Regen und Sturm waren in diesem Jahr zeitig gekommen, und bei Süd- oder Westwind war an Passage eines kleinen Boots nicht zu denken.

Einige Klöster besitzen als fußbreites Zugeständnis an dieses Jahrhundert ein Telefon, das sie zwar nicht mit der Welt, aber doch mit Karyä, dem Verwaltungsplatze, verbindet. In der Lawra war diese Maschine im Flur des Gästehauses untergebracht und hatte uns Nerven gekostet, einerseits weil die Mönche sein hilfeheischendes Läuten nicht ernst nahmen und es halbe Stunden lang forschrillen ließen, andererseits weil, wenn sich dann endlich einer bequemte und über die dreißig Kilometer hinweg mit Karyä sprach, der Aufwand an Stimme so ungeheuerlich war, als erfolge die Verständigung durch eine Art Röhre. Immerhin, es war uns auf solche Weise gelungen, unseres einflußreichen

Freunds habhaft zu werden, und er versprach uns das Boot.

Andern Tags, bei scharfem Ostwind und weißen Schaumkämmen, warteten wir im Hafen der Lawra, der, einige hundert Meter unter dem Kloster, aus einem kleinen Felsenbecken bestand, ein paar Stunden. Ein Schotte, vordem Geschwaderkommodore der Air Force, der die Gegend aus Krieg, Gefangenschaft und der Flucht aus Gefangenschaft kannte, schloß sich uns an. Auch zwei junge Erdkreisbereiser, Studenten ohne nennenswertes Gepäck, ein Deutscher, der sich zu wenigstens teilweiser Ersparnis der Rasur eine Schifferkrause hatte ums Kinn wachsen lassen, was ihm bei seinen blühenden Jahren ein halb weltsattes, halb aber romantisches Aussehen lieh, und ein sympathischer junger Franzose nahmen, wie es die Angewohnheit solcher Wanderer ohne Geld und Wanderfleiß ist, die günstige Fahrgelegenheit wahr. Wir badeten, um uns die Wartezeit zu verkürzen, Luvaris saß auf einem Koffer und las. Endlich meldete einer das Boot, das um die Südspitze bog, stumpfen Bugs, knatternden Wimpels, mit den Wellen kämpfend und tüchtig geschaukelt, bis es in den beruhigten Hafen einfuhr.

Wir waren kaum um das südöstliche Kap des heiligen Berges gebogen, als wir fast auf den Meter aus dem Stürmischen in eine stille Zone gelangten. Das war der Schutz des Gebirges, der immer tiefer und beruhigender wurde, je weiter wir gegen die Südseite drangen, bis schließlich, im Windschatten des Athosbergs selber, das Meer fast seenhaft wurde. Wunderbar tiefblau das aufgeschlagene Auge des Wassers, während weit draußen Wellenkamm an weißem Wellenkamm lag. Die beiden Bootleute sahen wie die Seeräuber aus, erwiesen sich aber als sonnige Burschen, sowohl der stachelbärtige Blonde, der die Hinterlassenschaft irgend eines Völkerdurchzugs sein konnte, an seinen bloßen, von der Natur wieder angenommenen Füßen hatte sich eine Art Elefantenhaut ausgebildet, als auch der bucklige Alte. Beiden vertrauten wir später, bei der Weiterfahrt, mehrere Gepäckstücke an, und alles besorgten sie pünktlich.

Das Boot fuhr dicht unter den Felsen. Schon begannen die roten Wände, denen wir die Meeresstille verdankten, fühlbare Wärme zu strahlen, große Ruhe und Wärme; und nun erblickten wir auch die erste Einsiedlerbehausung: ganz hoch oben im Felsen, nestartig angemauert, kein Zuweg ersichtlich und ringsum nichts von Bewuchs. Da und dort ließen sich nun solche Eremiteien erkennen, kleine Monumente des Drangs, vom Ende der Welt an ihr alleräußerstes Ende zu fliehn, um dem Nichts oder Gott gegenüber zu wohnen. Immerhin schienen sie gemauert und einigermaßen standfest zu sein. Ich hatte die Geschichte von einem berühmten Eremiten gelesen, der seine Hütte aus Schilf immer dann, wenn sich ein Gefühl des Zuhause einstellte, verbrannte: wie ich glaube, nicht um sich eine Geißel zu schaffen, sondern um sich im Unbehausten, dem angemessenen Zustand der

Endzeiterwartung, zu halten. So also war es immerhin nicht.

Kavsokalywia, das heißt eben »Verbrannte Hütten«, ist die erste Siedelung des Bereichs, den man den Eremos nennt, das heißt also die Wüste. Aber wir waren sehr überrascht, als wir diese Anachoretensiedlung ins Blickfeld bekamen. Gekalkte Würfel waren zwar über den vielhundert Meter hohen braunroten Felshang verteilt, aber doch auch wieder zusammengehörig, geschart, so daß dies Stück Wüste durchaus nicht trostlos, nicht hilflos, vielmehr heimatkräftig aussah. Wir meinten, daß Kavsokalywia eher ein Schweizerdorf sei als die erwartete Diaspora von Wüsten-Eremiteien; irgend etwas daran war schmuck, so ungeeignet diese Vokabel auch scheint. Manchmal stand eine Zypresse bei einem schneeweißen Würfel, statt trostloser Öde strahlte der Felsenhang Frische und Sonntag aus. Aber Frische, Frische — wo immer Frische im Spiel ist, bei Erde und Menschen, bei einem Bild, einem Stil, muß man aufmerken. Frische ist immer das beste; Frische ist immer vom Schöpfungsmorgen entlehnt, jeder Morgen ist Frische. Frische ist köstlich und das Köstliche ist in jedem Fall frisch. Frische, was ist das? um was Tau mehr ist als eben bloß Wasser.

Das Boot zog weiter; der kleine Motor, dem wir zuerst nichts hatten zutrauen wollen, tuckerte brav. Wir waren jetzt ganz in den Schutz des Athos gelangt, dessen Gipfel wir nicht erblickten, denn es schob sich ein Vorberg, der Karmel davor. Der

Abend war immer goldener, das Meer immer stiller geworden, die niedergehende Sonne stand gegen die rostroten Wände. Kaum ein Ansatz von Macchia war auf dem Felsen zu sehen, nicht einmal Polstergebüsch; keine Spur von rinnendem Wasser. Die Felsen stürzten so heftig ins Meer, daß man auf sofortige Tiefe des Grunds rechnen konnte; also hielt das Boot dicht unter Land. Ein Felsentor einmal.

Noch war es hell und voll Sonnenwärme, als wir der Einsiedeleien von Karulia und, höher droben, derer von Katunakia ansichtig wurden. Noch rapider strebten hier die Felsenwände hinauf, noch verwegener die Hütten auf spärliche Kanzeln gestellt. Bei vielen war auch mit dem Fernglas nicht zu erkennen, von welcher Seite und auf welchem Steig man hinzukommen konnte; manchmal waren Leitern, eingeschlagene Haken und daran befestigte Stricke zu sehen. Doch auch diese paradoxe, sich fliehende Hüttenversammlung hatte Sonntag und Frische. Sonntag: man muß damit rechnen, daß dieses Wort noch am ehesten trifft.

Das also, das war die Landschaft, in welcher der Schluß des Faust gedacht werden muß. In so einer Südwand, in solchen Felsen am Meer ist Pater seraphicus, ist Pater ecstaticus und der Doktor Marianus zu denken und hier der Mystische Chor. Nicht ausgeschlossen, daß der alte Seher in Weimar, der so viele Gesandte empfing und so gut zuhören konnte, auf eine uns nicht überlieferte Weise von den Anachoreten am Athos erfuhr, so gut wie von der Frankenburg oberhalb Mistra. Die größten der großen Bilder stammen ja nicht aus der Fantasie und nicht aus dem Denken. Sie werden gelebt, nicht erdacht.

Wir erblickten die Anlegestelle. Unser Boot war eigentlich schon darüber hinaus, Luvaris zeigte Neigung, weiterfahren und erst bei Hagiu Pawlu, dem ersten Kloster der Westseite, anlegen zu lassen; in der Tat war es spät geworden, und Dämmerung, in Griechenland kürzer als in unseren Breiten, fiel bereits ein. Da faßte ich die Stunde beim Schopf, schwang mich von meiner Bootseite über den bebenden Aufbau des Motors hinüber auf seine Bootseite und bedrängte ihn, anlegen zu lassen und über Nacht bei den Eremiten zu bleiben; der Gouverneur hatte uns den Namen eines Hauses irgendwo droben genannt. Er gab nach, in der beruhigten flächigen See zog das Boot eine Schleife, deren geritzte Kreisspur noch lange Zeit blieb, und stieß leise an.

Höchst wunderbare, schwer erklärbare Stunde. Auf einmal war die Gestalt eines Mönchs da, wartend an der sonst verlassenen Anlegestelle, langes, violett verschossenes Gewand, ungeschorenes Haar, Augen von tiefer Bläue und von vergnügter, gesammelter Kraft. Er trug eine Windlampe und einen Umhängesack, und als habe er lange auf unsere Ankunft gewartet, nahm er sich alles Weiteren an, ließ sich nicht davon abbringen, einen Teil unseres Gepäckes zu tragen, und setzte, während das Boot um die Felsen verschwand, unseren Zug

181

in Bewegung. Kaum daß ich mich darauf besinnen kann, es habe ihm einer den Namen des uns empfohlenen Hauses genannt.

Anstatt der erwarteten Kargheit und Freudlosigkeit umgab uns gesicherte Ruhe. Wir hatten die Empfindung, angekommen zu sein: man kennt dieses seltene Gefühl, um dessentwillen man reist, viele Male vergeblich ankommt, immer wieder auf Reisen geht und doch wohl eigentlich lebt. Noch war es hell. Der Weg führte steil in engen Kehren empor; er schien, merkwürdig, etwas von einem Parkweg zu haben. Es war alles ganz anders. Die Felsen strahlten die tagsüber aufgesogene Wärme zurück, safrangelber Krokus blühte in Büscheln. Je höher wir kamen, desto stärkerer Glanz kam vom Meere herauf, das plan wie eine Folie wurde. Die Sonne ging unter, ein Goldfluß goß sich aus tiefen Abendwolken daher, nach oben schossen, ins Silberweiße und Blaue, ungeheuere fächerförmige Streifen. Der Ostwind, von dem nichts zu spüren war, mußte wohl Flut ums Kap schieben; von weit draußen drangen Flutringe an, große, goldene Kreise. Der zweite Chalkidike-Finger verhieß blaue Täler und Buchten.

Wenn der Deutsche aus Norden an südlichen Ufern ankommt, so erfährt er, wie Sorge abfällt. Ich war zu oft angekommen im Süden, um diese Verwandlung noch jedesmal leisten zu können; jetzt aber wars wie beim ersten Mal da.

Vom Weg aus waren Hütten und kleine Häuser zu sehen, gemauert, gekalkt, mit Blech und steinernen

Platten beschlagen. Wir trafen zwei Mönche, mit denen wir uns auf keine Weise verständigen konnten; es waren Russen, aus dem alten Rußland, und sie hatten seltsamerweise in all den Jahren noch immer kein Griechisch gelernt. Unser Mönch sprach das Griechische der gebildeten Leute; er war Athener, Sohn wohlhabender Eltern, sein Vaterhaus war nur wenige Straßen von Luvaris' Wohnung entfernt.

Es ging steil und lange hinauf, ungefähr dreiviertel Stunden. Der Mönch sprach Luvaris zu: jetzt ist die Hälfte, jetzt ist nicht mehr weit, wir nähern uns, jetzt sind wir gleich da. Es war längst dunkel geworden, der helle Antares schien uns gegenüberzustehn. Da lief der Weg flacher, eine schmale Terrasse war zu einem Ölgarten zurechtgemacht, ein hölzernes Gatter, ein Platz, der mit Weinlaub bedacht war, gewaltige Trauben hingen herab, ein längliches Haus, auf welches wir von der Seite zugingen, gegen Abhang und Meer eine Holzgalerie, Licht aus Türen, fünf, sechs jüngere Mönche, im Rahmen ein alter. Es war wunderbar wie im Traum.

Wir wurden wie die verlorenen Söhne empfangen.

Wir traten ein. Ein großer Raum besaß keinerlei Möbel, nur an den vier Wänden die umlaufende stoffüberzogene Bank, also den Diwan. Wie immer wurde zum Willkomm ein sorgfältig aufgebautes Tablett mit einem Glas Wasser für jeden, einem Löffel voll Süßem, Quittengelee, und einem Raki gebracht; nach einer Weile dann noch ein Tablett mit türkischem Kaffee. Es ergab sich, daß wir uns in einem Malerhause befanden, einem privaten Klösterchen, wenn dieser Ausdruck erlaubt ist, das sich hier mitten unter den Einsiedeleien befand. Es waren kirchliche Künstler und sie übten hier ihren Beruf. Altarblätter wurden nach dem Festland versandt.

Einmal öffnete sich die Tür, und hinter einem sanften langhaarigen Diakon schob sich Paschalis, ein acht- oder neunjähriger Junge herein. Es war ein Verwandtenkind, das die Malermönche aufzogen; er wollte natürlich die Fremden, das Ereignis des Abends, zu Gesichte bekommen. Wahrhaftig, er mußte vor jedem von uns einen byzantinischen Niederfall, eine regelrechte Proskynesis machen; wir hatten es schon in dem strengen Kloster Karakallu gesehen, wo die uralten Mönche mit ihren steifen Händen und Knieen sich vor dem Beichtvater auf den Fußboden ließen. So nun auch, ohne Beichte und mit gelenkigen Gliedern, Paschalis; weiterhin blieb es dem Guten durchaus nicht erspart, ein Lied vorzusingen. Obwohl es ihm offenbar gräßlich war, unterzog er sich der Passion und sang alle drei Verse, deren jeder in ein dunkles und langgezogenes »to phoos« ausging, wofür er seinen Ton viel zu tief angesetzt hatte.

Es ist, unter hiesigen Umständen, schwer verständlich zu machen, wie der Auftritt dieses Kinds auf uns wirken mußte und wirkte. Seit Wochen nur Klosterluft schmeckend und nun gar ins Rigorosum des heiligen Bergs, in die Felsenwüste versetzt, war die Saite, die in jedem zu schwingen beginnt, wenn er ein Kind sieht, bei uns außer Spannung gekommen, und dazu hatte Paschalis das Moment der Überraschung für sich. Wie aber auch immer: die endzeitliche Spannung, welche Zeugung, Geburt und dies warme, erdenbefangene Leben verschmäht, flog wie durch Zauberschlag in die Luft. Paschalis, durch bloßen Hereintritt, löste sie auf, und heitere Befreiung trat ein.

Wir wurden zum Abendessen gerufen. Den Gang hinab, der das Haus im Inneren durchzog, kam man zu einem schmalen, offenstehenden Zimmer, einer Zelle, deren Länge mit einem reichlich gedeckten Tische besetzt war: gefüllte Teller, ein schon verteiltes Makkaroni- und Tomatengericht, Fische, Trauben, Kastanien, Brot, dunkelglühender Wein beim Schein von Petroleumlampen, so daß nun alle, Heilige und Unheilige, Mönche und Gäste, Platz nahmen und die Hände erhoben —: wer wurde je so in der Wüste empfangen? wer von uns hätte das noch vor wenigen Stunden gedacht? Es blieb unklar, wer angeordnet, wer das Maß festgesetzt, wer so schnell zubereitet und aufgestellt hatte; sicher war nur, daß uns eine Welle der Menschenfreundschaft, der Freude und der festfrohen Güte aufnahm, die zwar in Griechenland nichts Seltenes ist, auf dem Athos aber ihr Besonderes hat, weil der rituelle Urgrund deutlicher wird: Hungernde werden eben genährt und Dürstende eben getränkt und Müde genächtigt, auch wenn von Not nicht die Rede sein kann: wer will so genau hinsehen. Als wir uns später erhoben, waren bereits die Lager zum Schlafen mit frischen Leinen gerichtet; Luvaris hatte eine Zelle für sich, wir anderen schliefen im Diwan.

Nach und nach stellte sich freilich heraus, daß unsere Gastfreunde in Verhältnissen lebten, die für die Eremitage ganz außerordentlich waren. Mit seinen Gartenterrassen, Wein, Mandeln und Feigen, mit seiner Wasserleitung, die Wasser von einer fernen Quelle herzog, stand diese Malerwerkstatt ganz außerhalb des Gesetzes, und also auch außerhalb des Geheimnisses, das über dem Felsenhang lag; sie war eine Enklave.

Das Geheimnis, das Geheimnis des Felsenhangs? Ach, es wäre für uns in jedem Fall unbetretbar gewesen, da wir doch in der fatalen Lage von Zuschauern, von Unbetroffenen waren, von Zaungästen, die in keinem Fall mitreden können.

Im Morgen stiegen wir auf den verschlungenen Steigen des Bezirkes herum, auf Bergpfaden von einer Hütte zur andern, Safran und blauer Krokus war häufig, auch kleinen Ölbäumen gelang es zuweilen, sich festzuhalten und zu bestehn. Hohe Agaven und Wolfsmilchbäume standen am Weg, der in den weißen Kalksteinschotter gebahnt war; hochsüdliche Landschaft. Und immer sandte das Meer Glanz wie aus ungeheuerem Spiegel herauf, der die hohe Sonne in Goldregenstürzen auftreffen ließ und sie schleudernd zurückgab.

Hier und da sprachen wir in einem Kellion vor,

einer der Zwei- oder Dreisiedeleien. Die Meisten trafen wir jetzt, am Vormittag, bei ihrer kleinen Handarbeit an; sie kerbten Holzstempel, mit denen man das Osterbrot schmückt, schnitzten in harten Buchs Kreuze und Heiligenbilder in Nachahmung der schönen alten Kleinschnitzereien, flochten Rosenkränze und malten. Manche von ihnen waren wohl eher fromme Heimarbeiter als mystische oder ekstatische oder seraphische Patres zu nennen; wie in der Welt draußen, waren Einfache und Mannigfache zu finden. Ich sah eine Drehbank; törichterweise wunderte ich mich darüber, ein so fortgeschrittenes Werkzeug auf dem asketischen Berghang zu sehen, wo ich doch aus der Gefangenschaft in der Wüste hätte die Erfahrung mitbringen müssen, daß in der Abgeschiedenheit gerade der Handwerker bleibt, der er ist.

Auch bei Pater Joannis, unserem Begleiter vom Vortag, kehrten wir ein. Seine Behausung war ziemlich weit drunten und schwer auf kaum kenntlichem Pfad zu erreichen; wir hätten sie niemals gefunden, wenn er uns nicht abgeholt hätte.

Der Anteil dieses Planeten, den die Einsamkeit des Pater Joannis für sich nahm, war nur bescheiden zu nennen. Eine geringe Ebenheit in der Steile des Bergs, zwanzig Schritt lang und ein paar Fuß tief gegen den Hang, das war alles. Zuerst zeigte er uns seinen Sitzplatz im Felsen, der mit ein paar Hölzern zurechtgemacht war; die Gabe der Handfertigkeit, das ließ sich ohne weiteres erkennen, war unserem Freund nicht verliehen. Man überblickte

Meer, Landeplatz, Hauptweg und einen Gutteil des Hangs. Hier hatte er unsere Ankunft bemerkt und war uns mit Lampe und Tragsack zu Hilfe gekommen.

Es stellte sich in der Folge heraus, daß dieser Sitzplatz das einzig Bequeme in des Joannis Häuslichkeit war. Seine Klause setzte sich aus zwei Abteilen zusammen: einer einigermaßen geräumigen Höhle, die spitz gewölbt sechs Schritt schräg in den Berg hineinlief und die er Sommers ihrer Kühle wegen bewohnte, und einem windigen Hüttchen. Wir gingen zuerst in die Höhle. Es ist leicht, schnell und vollständig aufgezählt, was man sah: zwei blaugestrichene Kanister, in denen Benzin oder Lampenöl war, ein Kocher, eine Lage Kartoffeln, ein Kohlkopf, dem zahlreiche Blätter schon fehlten, ein Zopf Zwiebeln, eine kaputte Porzellantasse und weniges andere Schwemmgut der Welt, das war alles. Ungemein wenige Dinge. In den Hintergrund war eine Zisterne für Regenwasser gemauert, wohin vom Dach der Hütte eine bleierne Zuleitung lief. Die Anlage war gut und geschickt, und ich dachte mir gleich, daß sie schon vom Vorgänger stamme. So war es, und er stellte ihn denn auch vor: am Eingang zur Hütte war sein Totenschädel zu sehen. Joannis rühmte ihn als einen gelehrten und mystischen Mann, den er gut gekannt habe.

Nach dem, was man in der Höhle sah oder nicht sah, durfte man den Mehrteil der Habe in der Hütte vermuten. Doch zeigte sich, daß das Praktische dort erst recht in der Minderheit war. Nicht eine Hand hatte der Mönch offensichtlich gerührt, um es sich ein bißchen wohnlich zu machen. Der Raum, der mich seiner Ausdehnung nach an mein Zeltinneres in Ägypten gemahnte, denn es war ungefähr dieselbe Quadratmeterzahl, wies eine Lagerstatt auf, die sich vom Erdboden nur durch eine kleine Erhobenheit unterschied und durch eine darübergelegte Ziegenhaardecke. Der Boden aber war vollkommen mit Büchern bedeckt, die aufeinander und nebeneinander und kreuz und quer lagen, Kirchenväter vor allem. Sonst war nur ein deutscher Brenner zu sehen, die Windlampe von gestern, der Ziegenhaarsack und ein Topf voll Wasser, zwei Graperfruit-Dosen und eine Kolynos-Paste.

Ich darf sagen, ich kam mir bis zu einem gewissen Grade zuständig vor. So ungefähr, auch so südlich, hatte ich in Gefangenschaft mehr als zwei Jahre gelebt und, wie ich später erst einsah, in gewisser Weise besser gelebt als jetzt, wo ich gut lebe. Auch Heinrich meinte sogleich: »So sah es bei mir in Gefangenschaft aus«, was sich vielleicht auch auf das Durcheinander bezog, mit dem ich es weniger habe; Bedauern schwang mit, daß ihm so viel gemütliche Unordnung jetzt nicht mehr erlaubt war.

Doch ich muß fürchten, über die äußeren Umstände unseres Freundes Joannis zuviel Worte verloren zu haben; es war leicht zu ersehen, daß dies gerade sein Nebensächliches war. Vielleicht wäre es besser gewesen, immer wieder zu sagen, daß ihn, wie alle anderen, die wir sahen und sprachen, eine Aura des Stillvergnügens umgab. Die Abgeschiedenheit schien glückerfüllend zu sein; wenn der Patient selber sagt, daß es ihm gut geht, ist die Mission des Arztes beendet, auch wenn er finden sollte, daß es dem Patienten gar nicht gut gehen kann.

Wenn etwas aus den Reden des Joannis und anderer Einsiedelmönche geglaubt werden muß, so, daß sie in ihrer Abgeschiedenheit von der Welt glücklicher als jemals zuvor waren. »Sto kosmo, in der Welt draußen«: das haben sie alle im Ton der überwundenen Stufe gesagt, die Seelenruhe priesen sie alle.

Diese Gelassenen, wie Meister Eckehart sagt, Welt gelassen und sich Gott überlassen, sie hatten wohl recht gehandelt, den felsigen Südhang des heiligen Berges zu ihrer Wohnstatt zu wählen, immer im steilen Herabblick auf das ehern leuchtende, unerschütterlich glitzernde Meer, das in seinen ungeheueren Spiegel so viel Licht aufnahm wie kein anderer Stoff, keine andere Fläche. Dahin, Gott zum Preise, war ihre Seele gelangt.

XV

Im taukühlen Morgen waren wir vom Kloster des heiligen Pavlos auf ebenem Pfad nach Nea Skiti, der Neuen Siedlung, und dann in steilem Aufstieg zur heiligen Anna gelangt. Wir betraten die Siedlung ziemlich weit oben, so daß sie sich den ganzen Berghang hinab, vor und unter uns, bis zum Meere erstreckte, weit auseinandergezogen. Ordentliche Gartenterrassen. Die Häuschen reinlich, gepflegt. Ein Schweizerdorf eben.

Bevor wir unsere Frage nach dem Pater Nikon, den wir besuchen wollten, aussprachen, beschlossen wir, ein kräftiges Frühstück zu halten: Grund genug, im Gebirg früh aufzubrechen und zwei Stunden zu steigen, um das Frühstück, die preiswürdige Mahlzeit, zu einem Feste zu machen. An Wasser schien an diesem Berghang kein Mangel zu sein, Rohrleitungen liefen über den Weg in Gärten und Hütten, bloß daß wir vergeblich nach einem Brunnenmund suchten.

Auf einem Vorsprung waren zwei Ölbäume, deren grausilberne Stämme so waagrecht vom Abhang wegstanden, daß wir uns daraufsetzen konnten. Wir legten zusammen, was unsere Taschen enthielten: Salami aus Augsburg, aus Westfalen Pumpernickel in Dosen, holländischen Käse, Schokolade aus der französischen Schweiz. Nur eben kein Wasser vom heiligen Berg.

Ein Mönch kam des Wegs, überblickte die Lage, zog stumm einen Holzstöpsel aus eisernem Rohr, ein Strahl Bergwasser sprang. Wir dankten sehr, und indem wir unsere Salamiwurstscheiben verbargen, denn man ißt auf dem heiligen Berg im allgemeinen kein Fleisch, boten wir ihm Schokolade zum Dank. Er sah sie mißtrauisch an und fragte, ob Milch darin sei. Wir hielten für richtig, aufs Geratewohl zu verneinen. Er beugte sich her, sah genauer und sagte dann mit Bestimmtheit: »Es ist doch welche drin.« Wir konntens nicht ändern. Darauf sagte er: »Paraskevi! Freitag!« Für uns ergab sich immer noch keine Erleuchtung; doch begannen wir langsam zu ahnen, und Luvaris bestätigte es uns nach unserer Rückkehr ins Kloster, daß Milch und Eier, als Nahrungsmittel von ausgesprochen weiblicher, ausgesprochen geschlechtlicher Prägung, am Freitag einem Verdikt unterlagen. Wir schlugen ihm vor, sich ein Stück in die Tasche zu stecken und es andern Tags zu verzehren, wenn es wieder erlaubt war. Er folgte wortlos dem Rat, wickelte sich das Stück ein, ließ es in der Tasche verschwinden und sprach: »Orthodox muß man sein.« Ich erwiderte: »Wir sind doch auch Christen.« Er entgegnete finster: »Aber getauft seid ihr nicht.« ich sagte: »Wo denkst du denn hin, warum sollen wir denn nicht getauft sein? Wir sind doch so gut und so richtig getauft wie du auch.« Er verzichtete auf den Punkt Taufe. »Aber ihr glaubt nicht an die Heilige Dreifaltigkeit«, fiel ihm jetzt ein. Ich versetzte: »Ich glaube, du hast nicht alle beisammen; warum sollen wir denn nicht an die Heilige Dreifaltigkeit glauben? Alle Christen glauben daran.« Ich dachte, nun sei er in den Rückzug

gedrängt, aber er kniff die Lippen zusammen und
erwiderte bitter und streng: »Aber die Milchscho-
kolade? Orthodox muß man sein.«

PÈRE NIKON

Wir fragten uns nach dem Krankenhaus durch
und wurden zu einem der obersten Häuser, noch
über der Kirche, schon unter den ersten Felsen,
geschickt; man überblickte von hier aus den ganzen
herrlichen Hang, der mit den vielen Zwei- und
Dreisiedeleien im streifigen Morgenlicht lag. Die
Bezeichnung Krankenhaus stellte sich freilich als
übertrieben heraus; einen Arzt gab es in Hagia
Anni nicht, nur das, was man heut zu Tage einen
Heilkundigen nennt, womit man seltsamer Weise
etwas anderes meint als den Arzt, als wolle man
der Vermutung Raum geben, die Ärzte seien des
Heils nicht mehr kundig.
Irgendwer hatte uns von Pater Nikon erzählt. Er
sei russischer Aristokrat, wie ihrer ja nicht wenige
auf dem Athosberg sind, sei Offizier des Zaren gewesen und habe als solcher im ersten Krieg dieses
Jahrhunderts und später in den Weißen Armeen
gekämpft. Jetzt, nach dem zweiten Krieg, hatte er
auf dem heiligen Berge dadurch von sich reden gemacht, daß er seinen Bruder, der in Los Angeles
lebe, aufgesucht habe; Träume und Zuflüsterungen
hätten ihm dies Unternehmen dringend gemacht.
Natürlich habe er keinerlei Mittel für eine solche

Reise gehabt; ein Fremder habe ihn bis Athen mitgenommen, dort habe er eine Zeitlang in der Garage des englischen Botschafters gewohnt, bis es diesem gelungen sei, einen Frachter ausfindig zu machen, welcher den Pater Nikon von Piräus nach den Staaten mitnahm, aber fünf Wochen brauchte, weil er vorher noch zahlreiche Häfen anlaufen mußte; so sei er die ganze Adria hinauf- und hinuntergefahren. Dann aber, was das Überraschende an der Geschichte war: die Rückreise sei mit dem Freischein einer Fluggesellschaft in wenigen Stunden erfolgt und, worum er so sehr gebetet habe, es sei ihm geglückt, am Osterfest wieder in seiner Eremitage auf dem heiligen Berge zu sein.

Mit dieser einen Ausnahme hatte er den heiligen Berg in siebenundzwanzig Jahren niemals verlassen. Man hatte uns das alles in Katunakia, auf dem Einsiedlerhange, erzählt. Pater Nikon bewohnte dort eine Einsiedelei, die schwer zugänglich war; man konnte sie nur durch Klettern erreichen. Das Felsenloch habe, so erzählte man uns, in grauen Vorzeiten den Piraten als Versteck für ihre Beute gedient, bis ums Jahr 980 ein Pirat bekehrt und auch gleich Eremit wurde. Seitdem, so wußte die lokale Legende, stand diese Höhle nie leer. Es gefiel uns, daß Pater Nikon auch in Einsiedlerfragen auf Stammbaum und Ahnenschaft hielt.

Vor kurzem nun aber, so hatten wir weiter gehört, habe der alte Herr sich auf den Felsensteigen des Berghangs einen Schenkelhalsbruch zugefügt, der aber verheilt sei. Jedoch sei ihm davon eine Fistel geblieben; die eben hatte der Heilkundige von Hagia Anni jetzt operiert. Der Eingriff, der doch einigermaßen in die Tiefe gegangen sein mußte, war freilich ohne Narkose erfolgt; daß es mit den Medikamenten in Hagia Anni nicht gut bestellt war, ging aus dem Umstand hervor, daß man uns bat: wir möchten, wenn wir dorthin gingen und wenn wir darüber verfügten, doch etwas Aspirin mitbringen; glücklicher Weise waren wir reichlich mit diesem Stoffe versorgt, wenngleich wir uns nicht recht vorstellen konnten, daß damit die Gesundheitslage des Einsiedlerhanges entscheidend gebessert sein könne.

Eine schmale Steinstiege führte durch den Garten zum Hause des praktizierenden Mannes hinauf. Wir wurden vom Mönche Elias, der ein Heilgehilfe zu sein schien, empfangen und traten bei Vater Nikon ein.

Eine Krankenzelle. Ein Lager, das nicht über Wäsche verfügte. Der geistliche Vater saß auf dem Bettrand, angezogen, als habe er auf uns gewartet, zartgliedrig, eher klein, gebeugt, achtzigjährig, mit ungeschorenem Haupthaar, wie es die Mönchsregel vorschreibt, und langem schütteren Bart; doch sah es in seinem Fall aus, als habe er sich diese Haartracht ganz persönlich gewählt. An seiner Hüfte, unter einem Pullover, der wohl aus Amerika stammte, war das Weiße eines Verbandes zu sehen.

Er empfing uns, als seien wir an diesem Morgen die neunten oder die zehnten, die sich ihm präsentierten. Wir hatten uns sagen lassen, daß er deutsch spreche, so stellte ich uns auf deutsch vor. Alles war auf die größte Höflichkeit und auf die zarteste Zartheit gestellt. Er verstand mich, doch bat er sogleich, es ihm nachsehen zu wollen, wenn er ins Englische oder Französische falle; wohl habe er Deutsch gelernt, aber es sei, oh, es sei eine kleine Sagenzeit her. Er habe eine — ja, wie das auf deutsch heiße? eine Bonne, ja, ganz recht: eine Bonne aus München gehabt und sie habe Andersen, Andersens Märchen mit ihm gelesen; so habe das alles, die deutsche Sprache, München, Andersens Märchen, einen éclat, einen Schimmer, ja, Schimmer, richtig, — großen! — Schimmer für ihn. Aber gewiß, absolutely. Er gab dem Wort »Schimmer« so viel mit, daß man sich schämte, es lange Zeit nicht mehr in seiner Fülle empfangen zu haben, und er sandte ein schnelles Leuchten übers Gesicht, als sehe er Jugendland glänzen.

Es mußte freilich schon lange her sein, es war offensichtlich schon in den achtziger Jahren des vorigen Jahrhunderts gewesen, das mit der Bonne und Andersens Märchen, denn inzwischen war Paris und Cannes und Heidelberg und Berlin und New York und London gewesen; es stellte sich allmählich heraus, daß er das alles kannte, alles aus der wolkenlosen Zeit vor dem ersten Krieg. Und schließlich mußte ja auch ein wenig Offiziersdienst beim Zaren gewesen sein, Kadettenanstalt und Fähnrichszeit und Kriegsakademie; und dazu Wien, Österreich — ja, Österreich, oh Österreich! Österreich! — eine lange Pause trat ein, die mit dem Schmerz über die Eminenz eines solchen Verlustes und über das Unbegreifliche solcher Untergänge bis zum Rande angefüllt war.

»Sagen Sie mir«, wandte Père Nikon sich alsdann an Roderich, zu dem er, als einer Standesperson, von Anfang an eine gewisse Vertraulichkeit hatte, »sagen Sie mir, lieber Graf, wird Ihr Vaterland, wird Ihr Österreich« und, uns einbeziehend, »werden Ihre beiden unglücklichen Vaterländer sich noch einmal wiederherstellen?« und, ohne recht zuzuhören, was wir darauf sagten, vielmehr offenbar hingerissen vom Heimweh nach dem eigenen glücklosen Land, spann er: »Heimat! Heimat! Wer kann ohne sie leben? Gott ist in der Heimat. Immer. Ihn in der Fremde zu finden, ist schwer.« Womit er, wie ich glaube, recht hatte, mögen es auch die Theologen bestreiten.

Der helfende Mönch brachte das Begrüßungstablett mit Schnäpsen, Kaffeedakia und den Lukumiwürfeln, die man nicht abweisen darf. Zu meiner Verwunderung stellte ich fest, daß Père Nikon mit dem ärztlichen Bruder auch ein Gemisch aus Englisch und Französisch austauschte; auch vernahm ich mit Staunen, daß er nicht einmal »Danke« und »Wasser« auf Griechisch fehlerfrei ausdrücken konnte, während er andererseits doch vier Sprachen mit Genauigkeit und Nüance beherrschte und nun schon ein Menschenalter in Griechenland war. Er entschuldigte das, indem er bemerkte: da er leider kein Griechisch verstehe, spreche er mit seinen ärztlichen Rettern eine Art Volapük: so nämlich habe

man in vergangenen Zeiten eine künstliche Aller-
weltsprache genannt.

Wir hatten schon unsere kleinen Schnäpse getrunken und unsere zuckerbestäubten Geleewürfel in
Gottes Namen gegessen, indes Père Nikon den
seinen noch lang in der Geborgenheit seines Hand-
tellers hielt, da diese Hand und die andere die
Aufgabe hatten, hundert verschiedene, nie wiederholte, weiche und sprechende Gebärden zu machen.
Dazu trat ein Mienenspiel, das unglaublich nüan-
zenreich war: halbausgesprochene, gestaute Sympa-
thie- und Einverständnisbeweise, alles in allem
Varianten der fast abhanden gekommenen Kunst,
den Umgang mit Menschen zu einem Meisterwerke
zu machen. Währenddessen hatten wir dieses und
jenes gesprochen, ohne auf Fragen zu kommen,
wie wir sie eigentlich gern vorgebracht hätten, hätte
es sich nicht von selber verboten; denn der Takt,
den er walten ließ, legte eine bestimmte herzliche
Ferne ein für allemal fest.

Aber als hätte er unsere stummen Fragen erraten,
und er erriet sie natürlich, sagte er: » Alles Dar-
über-Reden, liebe Freunde, ist nichts, wirklich ganz
und gar nichts. Man muß sich Fakten schaffen,
Fakten, und seien es auch die al-ler-ein-fach-sten
Fakten, die es überhaupt gibt. Tatsachen, Schlüsse.
In die Presse von Fakten geraten, das ist es. Wie
der Wein in — wie sagt man im Deutschen? die
Kelter, ja — wie? gut —: Kelter, das ist es. Kein
Zurück mehr. Ein Leben in großer Einfachheit
führen, damit, zum Beispiel, ist manches erreicht.

Gelingt es und wir können auf diese Weise, ich möchte sagen: auf Fels, auf Urgestein kommen: mir scheint es ein großes — ein großes! — Geschenk.«

Er sah aus dem Fenster. Ich hatte ihn bisher zumeist im Halbprofile zu sehen bekommen; jetzt, da er mir seine volle Ansicht zuwandte, war ich überrascht, zu bemerken, daß er in Augenhöhe eine Breite besaß, die das zart geführte Profil nicht hatte vermuten lassen und die seine russische Abkunft bezeugte. Auf dem Fensterbrett lagen seine Habseligkeiten; etwas Waschzeug, der Kamm, ein Notizbuch in Wachstuch gebunden, ein Eßbesteck; die Versammlung so gebrauchter, vielsagender Dinge erinnerte mich wieder an meine Gefangenschaftszeiten. Ich empfand stark die Spannung zwischen so viel Welt, die er besaß, und so viel Einsamkeit, die er wählte, zwischen der virtuosen Fähigkeit, sich darzustellen und dem Verzicht darauf, es täglich zu tun.

»Vor einiger Zeit hat mich ein Schotte besucht, Abgesandter eines moralischen Zirkels, den Sie sicherlich kennen — und ich habe zu ihm gesagt: Glauben Sie, daß Sie glauben? Dann, lieber Freund, glauben Sie sicherlich nicht. Ich wenigstens würde dergleichen nicht wagen, wahrscheinlich Wenige auf dem ganzen heiligen Berg. Wenn Sie mir sagen, Sie seien möglicherweise auf dem Weg dazu, schön, ausgezeichnet, dann werde ich sagen: ich hoffe, ich auch. Aber mehr? Niemals, nie. In jeder Gewißheit sitzt Antichrist mitten darin; er ist nämlich immer im Spiel. Er ist immer ganz in der Nähe, er ist immer direkt vor der Tür, hier, da, auf dem Korridor draußen. Er ist *in den Institutionen*. Er ist immer dabei, wo sich etwas verfestigt. Darauf verlassen Sie sich. Absolutely, absolutely.«

Es war deutlich, daß er seine Skepsis auch auf das Mönchtum und die Eremitage ausdehnte, aber seine Nobilität verbot ihm, die eigenen Verhältnisse offen in Zweifel zu ziehn und sich so eine Demut zuzuerkennen, die jenseits der Demut, und eine Bescheidenheit, die jenseits aller Bescheidenheit war.

»In den Verwirklichungen sitzt er, in den Vollzügen! Man muß die Institutionen des Glaubens bezweifeln; etwas Besseres kann man für sie nicht tun. Aber nicht gründen! Das scheint mir das Unglück aller Reformatoren zu sein. Sie sehen ganz richtig den Antichrist in den Institutionen, aber um die Institutionen zu bessern — gründen sie neue. Es soll sich doch niemand einbilden, er könne nach dem Evangelion leben, so ›im Angesicht der Letzten Dinge‹ — o nein! wie unmöglich! welcher Übermut! Ich würde sagen: wenn man sich das einbildet, dann ist der Antichrist nicht nur auf dem Korridor draußen, dann hört man ihn bereits husten! Besitzlosigkeit? Ich meine, es ist eine Illusion, auf den Besitz verzichten zu wollen. Wir sagten Heimat. So leben wir alle in irgendwelchen Besitzen, auch hier in der Eremitage, und wir wissen, daß es durchaus vom Übel ist. Durchaus vom Übel. Absolutely, absolutely! Absolutely, absolutely!«

Er sagte es viermal; wie messingne Bälle hingen die vier Absolutely, von Rastelli geworfen, zu gleicher Zeit in der Luft. Viermal, und dann niemals wieder; es verbot sich natürlich, den Effekt noch einmal zu erzeugen.

So erteilte er uns eigentlich eine Lektion gegen, nicht zugunsten der Eremitage oder doch gegen die Vorstellung, daß sie an sich schon, als Einrichtung, vorbildlich oder besser als andere Lebensformen oder absoluten Werts sei. »Der Antichrist springt, er springt immer. Das könnte einem so passen, daß er sich stellte! Aber indem man gegen ihn aufmarschieren läßt, im frontalen Angriff, ausgezeichnet formiert, ist er schon hinter die Fronten gesprungen. Il y a là quelque chose que vous appelez les Ersatzformen« — er sprach das Wort deutsch aus. »Da ist er immer darin. Aber sagen Sie mir: wo sind sie nicht, diese — Ersatzformen? Wo sind sie nicht? Wo nicht?«

Wir brachen auf. Er sprach davon, daß er am nächsten Tage heimkehren wolle, auf den Einsiedlerhang. Es war, unseres Wissens, ein Weg von vier Stunden über felsige Steige; für den alten Herrn, nach allem, was er soeben hinter sich hatte, noch im Verband, eine ziemliche Sache. Wir drückten unsere Besorgnisse aus. Doch er meinte: »Es muß sein. Es hätte schon gestern, es hätte schon vorgestern sein sollen und müssen. Alles hat seine Grenze. Irgendwo hat alles seine bestimmte Grenze, nicht wahr?«

Wir fragten, ob es wohl möglich sei, ihm aus

Deutschland mit irgendeiner Sendung Freude zu machen. Père Nikon sann. Dann, mit einem Anflug von Gêne, erwiderte er, ein paar illustrierte Journale hätte er gern. Wir möchten es bitte verstehen, aber die letzten, die er in der Hand gehabt habe, seien fast zwanzig Jahre alt, seien aus dem Jahr 36 oder 37 gewesen. Wir gaben zu, seitdem war in der Welt dies und das anders geworden.

Draußen auf der Holzgalerie stand der Heilgehilfe. Er pflückte für jeden von uns einen reifen Granatapfel und eine Lotosfrucht, mit den Blättern. Wir lobten die Gegend und bezeichneten ein besonders schönes Kellion, das in der Ferne auf einem vorgeschobenen Punkte im Felsen über dem Meere stand, als die schönste unter so viel schönen Klausen. Père Nikon sagte: »Oh gewiß, sehr — sehr schön! Es wohnen dort Freunde von mir.« Wir meinten, es müsse gut sein, bevor er heimkehre, sich dort aufzuhalten. »Oh«, sagte er, »das ist nicht erlaubt. Nein, das ist durchaus nicht erlaubt. Oh nein.«

Wir verabschiedeten uns. Er hielt lange in beiden Händen unsere einzelnen Hände. Heinrich sagte: »Auf Wiedersehen!« Père Nikon zeigte Bewegung. »Wie sagten Sie? Das ist schön, oh, das ist ausgezeichnet. Ja, das wollen wir sagen: Auf Wiedersehen! Das ist gut gesagt, das ist ein ausgezeichnetes Wort, ein deutsches Wort; ich erinnerte mich lange — oh, wie lange Zeit nicht daran.«

Er winkte. »God bless you! God bless you!«

Merkwürdig, so sah dieser Pater Nikon also immerfort den Antichrist in der Nähe. Aber was hieß das? Ohne es ausdrücklich zu sagen, übertrug er, daß er unter dem Antichrist etwas anderes verstand als den Teufel mit Hörnern und Klauen. Nicht die Untat, den Hochmut, die Hinterlist, den Verrat, überhaupt nicht das moralisch Böse; dazu hätte es des eschatologischen Worts kaum bedurft. Der Antichrist war ihm das Leere. Das verschlossene Leere, das Nichts, das Gegenteil der Erfüllung. Das Erblassen der Stunde, die noch soeben erfüllt war, ihr Rückschlag, ihre Gegenbewegung. Das Verebben der Welle. Das Nichtverstehen und dessen schlimmerer Zwilling, das Halbverstehen; die Verdünnung der großen Gedanken, wenn sie an Verbreitung gewinnen, der Verlust des Wortes, wenn es in die anderen Münder gerät; die Gewöhnung. Die Ermattung des Eingegebenen, die Entfernung vom Quell aller Kraft. Der Entzug. Die leergewordene Hülle, die aussieht, als sei sie noch vom Herabgefahrenen bewohnt, die aber nur eine Verlassenheit ist. Also das, was uns immer bedroht. Das also war die Erfahrung der Einsiedelei. Freilich, wer so mit Leben bezahlt, der gelangt wohl zu reinen Begriffen. Pater Nikon hatte siebenundzwanzig Jahre in der Wüste gelebt: aber was hieß das? Es hieß offenbar, dem Leeren sich stellen. Siebenundzwanzig Jahre ohne Zerstreuung, ohne das Alibi, das die Arbeit gewährt, ohne das Pathos eines Berufs, ohne den Rauschtrunk der Leistung, ohne die Sättigung, die man »ein Werk« nennt, ohne Erfolg, der ja immer Rechtfertigung aus Eigenem ist. Ohne das Untertauchen im Weiher kreatürlicher Zeugung, ohne die Mutterwärme der Aufzucht im Froschteich des Allebeisammen. Ohne Fortpflanzungsfreude, die vielleicht bloß Freude an der Fortsetzung der Erbsünde ist. Im Verzicht also auf Geborgenheit jeglicher Art, außer der einen: welcher Mut, welche Kühnheit.

Es ist deutlich, daß so ein Leben in Ausgesetztheit nur Erfüllung erfahren kann oder Leere. Keinerlei Lösung dazwischen.

Jeder Tag, jede Stunde kann nur die Fülle oder die Leere, kann nur Christ oder Antichrist sein.

XVI

Als wir heimkamen, berichtete Luvaris, er habe mit dem Klostergärtner geplaudert. Dieser war, wie viele im Kloster Hagia Pavlu, auf der Insel Kefalonia geboren. Er erzählte, er habe dort gute und schlechte Tage gehabt; auf und ab. Er sei arm geboren, sei unter kümmerlichen Verhältnissen groß geworden, dann aber habe er es zu etwas gebracht; die Kefalonier gelten als die besten Geschäftsleute von Griechenland und das will denn doch etwas heißen. Dann habe er wieder alles verloren, noch einmal ganz von vorn angefangen und es zum zweiten Male geschafft. Eines Tages habe ihn der große Überdruß angefaßt und er habe den Einfall gehabt: »Geh zu deinen Landsleuten nach Hagiu Pavlu.« Und nun: nicht um alle Schätze der Welt wolle er jemals in seinem Leben hier fort.

Heinrich und ich machten eine andere Bekanntschaft, wir besuchten den Pater Gerasimos in seiner Zelle. Einer freudlosen Zelle, so wie der gesamte Klosterbau zu den unerfreulich neuen gehört, die es auf dem heiligen Berge leider auch gibt. Nämlich, es brennt viel auf dem heiligen Berg; wenn man das uralte Gebälk und Genist sieht und wie die uralten Väter mit Kerzen und offenen Lichtern hantieren, so wundert es einen, daß es nicht noch öfter gebrannt hat. Wie dem auch sei, das Kloster Hagiu Pavlu war vor einem halben Jahrhundert niedergebrannt und mit reichlichen Mitteln gleich wieder aufgebaut worden. Hohe Geschosse, kahle Flure, unheimliche Räume: im ganzen keine Wohnung guter Geister und Genien, was ja die Zeugenden heißt, denn nur in Wohlgebautem kann Wohlgedachtes geraten.

Pater Gerasimos hatte in früheren Jahren Chemie studiert, in Zürich und München. Er hatte sein Studium zu Ende gebracht und einträgliche Stellen erhalten, in Alexandria und in Athen. Damals sei er, wie er erzählte, ganz im zeitgenössischen Materialismus befangen gewesen und habe sich alles von dieser Welt und ihren Genüssen erhofft. Eine Fotografie, die er über dem Erzählen auskramte, zeigte, ein flottes, alltägliches, fantasieloses Durchschnittsgesicht; man sah ihn im weißen Laboratoriumskittel inmitten von Röhren und Kolben. Eines Tags aber sei er auf die Bibel gestoßen; er habe sie anfangs mit Unterbrechungen, dann immer angespannter gelesen. Sehr stark habe er damals den Einstrom höherer Kräfte gespürt und er habe beschlossen, sich ihnen gänzlich zu öffnen. Es habe ihn dann eine inbrünstige Liebe zu Gott ergriffen, ein Hochgefühl; geradezu verliebt in Gott sei er gewesen und habe bei Tag und bei Nacht an nichts gedacht als an ihn: eben wie ein Verliebter. Schließlich sei ihm der Wunsch aufgestiegen, auf den heiligen Berg zu gehen, und gleich richtig, als Eremit; das habe er mitten aus dem Weltgetriebe heraus als das Ersehnenswerteste empfunden: auf dem heiligen Berg in der Wüste ganz allein mit Gott in ununterbrochener Verbindung zu sein.

In den Klöstern, durch die er hindurchging, habe

man den Versuch gemacht, ihn zu halten, allein er habe sich durch nichts aufhalten lassen. Man hatte ihm nämlich von einem geistlichen Vater erzählt, der in Karulia hause, am Meeresufer, im unteren Einsiedlerbezirk, und dorthin sei er gegangen. Der geistliche Vater habe ihn aufgenommen ohne weiter zu fragen, und so habe er einige Jahre bei ihm in der Klause gelebt. Bis zu seinem Tod sei er an seiner Seite geblieben; unter den Händen sei ihm der Alte gestorben. Dann sei er hinauf nach Hagios Basilios, dem zuhöchst gelegenen Bezirke gezogen und habe dort fünfundzwanzig Jahre als Einsiedler gelebt. Eine namenlos glückliche Zeit sei es gewesen; er sei außer Stande zu schildern, in welch einzigem ununterbrochenen Zustand der Glücklichkeit, in welch unsagbarem Licht diese Zeit stand. Glück und Kraft sei ganz gewiß nicht aus ihm selber gekommen, das habe er zuverlässig gespürt und das spüre und wisse dort Jeder; seine Erfahrungen unterschieden sich nicht von denen, die dort Jedermann mache.

Dann habe ihn leider, nach und nach schlimmer, eine Herzschwäche befallen und es habe sich dadurch verschlechtert, daß er täglich zu einem hohen Punkt habe aufsteigen müssen, wo die deutsche Besatzung, während des Kriegs, eine Funkstelle hatte, für die er Verbindungsmann war. Dann, als die Deutschen abzogen, sei er nach Athen gereist, um sich behandeln zu lassen. Da sein Zustand die Besorgnis der Ärzte erregte, habe er fünf volle Jahre in Athen zugebracht. Alles das: diese Reise, das Wiedersehn mit Athen und das Dortsein habe ihn aus seinem glücklichen Zustand gerissen. Sein sehnlicher Wunsch sei gewesen, wieder auf den heiligen Berg zurückkehren zu können; er sei dann aber, seiner Hilfsbedürftigkeit wegen, nicht mehr in die Einsiedelei, sondern ins nächstgelegene Kloster, nach Hagiu Pavlu gegangen, eben dort wo wir ihn sprachen. Er klagte indessen, daß ihm das Klosterleben die Beseligung jener Einsiedlerjahre nicht schenke.

Es war schön, einen Griechen, wie es der Pater Gerasimos war, von der Macht des Eros sprechen zu hören, dieses Gottes in hohen und niedern Gestalten, auf dessen Flügeln ihm lange Jahre das Anschaun des allerhöchsten Gottes gelang. Denn so waren ja seine eigenen Worte: wie ein Verliebter, wie von Liebe verrückt und besessen habe er an seinem Gotte gehangen. Auch er ein ekstatischer Pater. Mir fiel die Zeile aus der Harzreise ein: ». . . aber den Einsamen hüll in deine Goldwolken . . .« Das ist von der Liebe, das ist an die Liebe gesagt, von ihr ist die Rede, von der Liebe, die geiergleich in Höhen aufsteigt. Sie soll den *einsamen Liebenden* in ihre Goldwolken hüllen. Merkwürdig: den einsamen. Wie merkwürdig, daß es da im Harz, im Schneegebirge, im Winter, wie hier in den Südfelsen eine Liebe *in Abgeschiedenheit* ist, eine Liebe, unvermischt mit Besitz.

Gewiß hatte der Pater Gerasimos niemals in seinem Leben den Platon gelesen, aber es war reiner

Platon, was er da sagte. Denn er sagte: es sei kein besserer Führer zum Guten als Eros. Wie das Aug nach dem Licht treibt und das Ohr im Lauschen den Anruf ansaugt, so ist Eros das Hangen und Langen nach Güte. Auch, wie es bei Pater Gerasimos war, nach Gott, der Allgüte.

Der Besuch in Pater Gerasimos' Zelle ging mir stärker nach, als ich es in der schmucklosen Stunde selbst gedacht hatte. Nun war mir die Gestalt des *geistlichen Vaters* sichtbar geworden und das Unauflösliche, Sakramentale, das diese Sohn- und Vaterschaft hat. Wenn Vaterschaft immer etwas von Erwählung hat, etwas Spirituelles, etwas jenseits des Bluts: hier war reine Erwählung. Ohne Blut etwas, was stärker als Blut band. Was für eine ungeheuere Sache.

Wir fragten den Pater, ob sein geistlicher Vater gebildet gewesen sei, und er antwortete in seiner mühsamen Sprechart, er sprach nämlich deutsch und manches Wort fehlte, aber wir kamen gut hin, er führte auch jeden Satz bis zu Ende: nein, gebildet eigentlich nicht. Nicht gebildet. Aber er sei von allen Seiten besucht und viel tausend Male um Rat gefragt worden, und er habe viel sagen, viel austeilen können. Er wisse es wohl: wir im Westen überschätzten die Bildung. Bildung sei nicht gut und nicht schlecht, könne gut sein und schlecht sein: eben ambivalente. Manche Kirchenväter zum Beispiel seien die gebildetsten und belesensten ihrer Tage gewesen, wie der heilige Basilios und der heilige Gregorios, die in Athen zusammen in einem Haus gewohnt hätten, zwei hohe Gelehrte, die das eleganteste Griechisch ihrer Tage zu schreiben verstanden; andere Väter wiederum seien ganz wenig gebildet gewesen. Es sei dies kein Maßstab.

Ob das einsame Leben schwer sei und mit der Zeit eher leichter oder eher noch schwerer als anfänglich werde, wollte ich wissen. Eigentlich schwer nicht, erwiderte er, schwer nicht, nicht schwer. Es umgebe einen wie eine stille, stehende Pracht. Einsamkeit sei ein Element, wenn er sich als Chemiker so ausdrücken dürfe, klar wie Wasser und doch nicht wie Wasser, schwerer, ganz schwer. Man schwebe darin. Langeweile, o nein. Davon sei nicht die Rede; dazu sei das Herz viel zu ruhend. Gestillt, ganz gestillt. Er habe gerne allein gelebt, leidenschaftlich, Jahr um Jahr, fünfundzwanzig, habe abgelehnt, mit anderen zusammenzuziehn, wenngleich es ihm Manche anboten. Er habe immer gefunden, in vollkommener Einsamkeit, in Gelassenheit sei die Stimme von oben am reinsten zu hören. Denn es sei sicher, daß eine fremde Stimme dann spreche. Im Herzen, im Kopf nicht; der Kopf könne hierzu nicht viel sagen.

Mir fiel ein: als ich, vor Beginn dieser Reise, bei meinem Ministerium zwei Wochen längeren Urlaub erbat, sagte der Referent, der mir wohlwollte, aus Aktenstößen heraus:

»Auf den Berg Athos? Wie schön. Ich würde übrigens meinen: das ist die verführerischste, vielleicht die bezauberndste Häresie, die sich die häresiensüchtige Christenheit jemals ausgedacht hat.« Ich verstand ihn so, daß er Häresie nannte, das Leben rein untätig im Lobpreis und in der Anschauung Gottes hinbringen zu wollen. Mit unserer hohen Meinung von Tätigkeit, Werk und Arbeit verträgt sich das nicht; ob wir nun auf katholische Weise an die Hilfskraft der guten Werke glauben oder paulinisch-augustinisch-lutherisch sie im Vergleich zu unserer Verderbnis für gänzlich unwert und hinfällig halten: wenig Unterschied, denn an Arbeit glauben wir alle. Also doch an die Werke. In einem Land, das solche Eremiteien als Zellkerne hat, ist das nicht möglich. Solche Gelassenheiten stellen sie hin, daß Übermaße der Arbeitswelt gar nicht aufkommen können.

Es wird deutlich, daß die Art dieser Gelassenen zu leben etwas Urbildliches hat. Irgendwo muß Gelassenheit ganz und gar sein, damit Gelassenheit überhaupt gedacht, allenthalben mit Maßen versucht werden kann. In so einer Welt ist dann keine Gefahr, daß Arbeit, wie es bei uns ist, eine so unverschämte, so unevangelische Überschätzung erfährt.

Die Entbehrungen des Einsiedlerlebens seien, meinte Gerasimos, im Grunde der Rede nicht wert. Einmal sei in die Eremia zu Besuch ein Bischof gekommen und er habe es kaum für möglich gehalten, daß man mit so wenig auskommen könne. So ganz ohne Mittel bestehn. Er, Gerasimos, kenne doch auch das Leben mit Mitteln, das städtische

Leben, und er wolle durchaus nicht, daß das Leben in der Eremitage, daß die Bedürfnislosigkeit als etwas Schweres dastehe. Sie sei nicht so schwer, wie man denke. Aber rein, aber klar.

Der Bischof habe schließlich lachend gesagt:

»Aber da seid ihr ja nur einen Schaufelwurf weit vom lieben Paradiese entfernt!«

Auch wir lachten.

Ja, in der Tat, der Bischof habe es richtig gesehen: nur einen Schaufelwurf weit entfernt. Wenn Paradies ein Leben in Gottnähe sei, und was sollte es sonst sein, halt ein Leben im Zustrom der Kraft und der Fülle: ja, so sei es damals gewesen, nur einen Schaufelwurf vom Paradiese entfernt. Wahrhaftig, so sei es gewesen.

Auch jetzt war in dem Pater offenbar noch eine stark besitzabstoßende Kraft. Man sah, wenn man sich in der Zelle umblickte, so wenig Gegenstände, daß ich sicher war, daß ich, wenn ich ausgepackt hätte, sogar auf der Reise mehr Gegenstände besaß. Dabei weiß man doch, daß sich in einem solchen Leben, wie es der Pater Gerasimos führte, allerlei sammelt, so im Laufe der Jahre. Bei mir wenigstens ist es so von jeher gewesen.

Pater Gerasimos war sehr traurig, daß er nun nicht mehr einen Schaufelwurf weit vom Paradiese weg wohnte. Heinrich hatte den Eindruck, als sei auch ohne die Herzkrankheit die Zeit hoher Spannung für den Pater vorüber gewesen. Wohl möglich, daß man eine solche Erfüllung nicht für Lebenszeit hat. Auch in diesem Fall: kein Besitz.

Im Sommer darauf lernte ich den Meister Artemios, der den Pater Nikon operiert hatte, kennen. Es war ein bei großer Güte versorgt aussehender, saturnischer Mann, der es gar nicht gern hatte, wenn einem nichts fehlte, jedoch war er bereit, Bedenkzeit zu geben und bot auch dies und das Leiden an. Ich hatte wenigstens eine sonnenverbrannte, aufgesprungene Nase, was Gelegenheit bot, mir ein Thymian-Öl zusammenzumischen und es mir in einem Fläschchen zu schenken, welches ein hölzerner Stöpsel verschloß.

Es war bereits dunkel, als wir am Haus des unerschrockenen Chirurgen hoch droben im Bergdorf der heiligen Anna anlangten. Wir pochten, niemand war da. Wir waren jedoch nicht dafür, irgendwo anders nach einem Unterkommen zu suchen; hier hatte man uns einmal gastlich empfangen, das war keinesfalls zu vergessen. Freundschaft ist Freundschaft.

Steinstufen führten zu einem Garten hinauf. Wir leuchteten mit der Taschenlampe: ein paar Bohnenbeete, ein kleiner Baumgarten, gut, um sich darinnen schlafen zu legen.

Wir ließen uns auf den Steinstufen nieder und aßen im Sternenlichte zu Abend. Ringsum tiefer Frieden. Überraschend fand sich eine Flasche Raki im Rucksack, heller Treberschnaps, den uns die guten Danieliden eingepackt hatten. Ihr oder dem Sternengeglitzer oder beidem war es zu danken, doch sicher vor allem unserem Entzücken, als wir auf dem Meeresspiegel den strähnigen Widerschein der

Milchstraße wahrnahmen, daß wir in ein stunden-
langes Mitteilen und Fantasieren gerieten, wobei
die Stunden zu tanzen anfangen und so federleicht
wie erfüllt sind, ein Zustand, von dem aus man
alles ansehen sollte, was man über die Zeit denkt.
Ich erwachte am anderen Morgen, indem ich den
Baum über mir als Granate erkannte. Die reifen
Früchte warfen die Blüten nicht ab, sie hingen vertrocknet, aber noch rot, altrot, am Blütenkelche
der Frucht, selbst in diesem Zustand noch etwas
von der Flammenschönheit der Zauberblüte be-
wahrend: das Erscheinungsbild übrigens, das im
Verein mit dem aufplatzenden Fruchthaus Veran-
lassung war, in verkommener Metaphorik dem
Lieblingsspielzeug der Neuzeit und Sprengzeit, der
Bombe, den Namen dieser Liebesfrucht und -blüte
zu geben.
Wasserrauschen, das die ganze Nacht hindurch
währte, erklärte sich jetzt als der Zulauf zu einem
Becken, das am oberen Rande des Gartens an den
Felsen gebaut war, ein betoniertes Bassin. Ich
klomm die Wand zwischen den Kürbisranken hinauf, stand am Beckenrand und blickte in einen
Kubus klaren Bergwassers: man bedenke, was das
in Griechenland ist. Ich sprang hinein, fand es zum
Stehen zu tief und zum Schwimmen zu eng, aber
was machte das bei so viel Kühle und Frische. Ich
genoß es. Auf einmal eine Stimme von drunten:
Wer da sei? wer da sei? Ich erwiderte aus meiner
Höhe, die zugleich eine Tiefe war: zwei Deutsche,
einer davon im Augenblick nackt, der andere ver-

stehe kein Griechisch; wir hätten im Garten geschlafen und ich erschiene in Bälde.

Als ich erfrischt hinabstieg, war da ein Mönch aus der Nachbarschaft. Er war vom nächtlichen Gottesdienst heimgegangen, hatte das Planschen gehört, fürchtete, es sei jemand in die Zisterne gestürzt und ertrinke. Der Mönch interessierte sich für so exotische Sitten. Er kam in den Garten herauf, untersuchte die Schlafsäcke, die Reißverschlüsse, sie gefielen ihm sehr, er schüttelte bewundernd den Kopf, lobte die kolossalische Taschenlampe, die er im Gras fand, die praktischen Trainingsanzüge, fand in einer Tonröhre in der Bassinwand das feststehende Messer, das Freund Velten aus unerfindlichen Gründen am Abend dort hineingelegt hatte, machte ein geschmerztes Gesicht, weil so ein Ding gegen die Friedensitte des Bergs war und wir sollten es ja in die Tiefen unserer Taschen versenken, bemerkte den Primuskocher, der vom Abend her noch auf den Steinstufen stand, bezweifelte, daß man damit etwas ausrichten könne, war entsetzt, als wir zum Morgenkaffee anstatt für drei türkische Täßchen gleich einen guten Liter Wasser ansetzten, hatte kein Vertrauen zu Nes-Café und zu Nes-Tee, gab dann aber doch zu, daß man dem Getränk eine Ähnlichkeit mit Kaffee nicht absprechen könne, nahm schließlich bei uns auf den Steinstufen Platz und frühstückte mit uns, so daß wir denn doch einmal in die Lage gerieten, Gastgeber, statt nur immer Gäste zu sein.

Während wir aßen und tranken, kamen die chirurgischen Väter nach Haus. Es war nämlich Mariens Geburtstag, und sie hatten die ganze Nacht in Katunakia drüben Gottesdienst und Liturgie abgehalten. Sie waren beide todmüde. Es lag jedoch Nachricht vor, der alte Artemios werde in der Großen Lawra gebraucht; eine Wunde war brandig. So machte der alte Mann, bekümmert und doch auch wieder gesättigt, weil seine Heilkunst Anderen notwendig war, sich ohne Schlaf um Gotteslohn auf den siebenstündigen Weg.

XVII

Ein Tag ist keinesfalls zu vergessen. Er war
herrlich; freilich, ich wüßte nicht viel über ihn zu
berichten. Ja, wenn es genauer ausgedrückt werden
soll: er war eben deshalb schön, weil sich durchaus
nichts begab. Aller Vordergrund, alles Interessante
war weg. Nur Licht bis an die Horizonte herab,
die lichtdurchströmte, dröhnende Glocke. Gern
wüßte ich, ob ein Leben voll solcher Tage, ohne
Vordergrund, ohne Interessantes, ein Leben also,
wie sie es hier führen, auch dieses Eherne hätte.
Wir waren vom Kloster Hagiu Pavlu aufgebrochen
am Morgen, um nach dem geliebten Kloster Dionysiu zu gehen. Der Weg führt über die Berge. Erst
aber biegt er zur hellen Küste hinab und läuft am
Wellensaum hin, dann eine schiefe Tafel »Zum
heiligen Kloster« in die Felsen hinauf. Wenn man
unten am Meer blieb, ging es noch eine Weile so
fort, helle, kiesige Buchten, braungoldene Felsen,
grellweißer Strand, hier und da ein Band Schatten.
Es war früh am Morgen, wir gingen ins Wasser,
entdeckten eine odysseische Höhle, die nur im
Schwimmen erreicht werden konnte, das Wasser,
tief und ganz blau, war dort zur Ruhe gekommen.
Der Wellenschlag, an diesem göttlichen Tag nicht
beträchtlich, war daran zu merken, daß der Spiegel
sich an den lotrechten Felsenwänden senkte und
hob wie eine Kinderbettdecke.
Wie gesagt, daß ich in Verlegenheit komme, auch
nur ein paar Zeilen mit dem zu füllen, was diesen

Tag so außerordentlich machte; denn wir blieben, ohne daß wir es vorgehabt hätten, auch ohne daß wir ein Wort darüber verloren, bis in den sinkenden Abend, so daß wir Dionysiu erst knapp vor dem Schluß der Klosterpforte erreichten. Die Abwesenheit also von allem Beschreibbaren, das war das Ereignis des Tages. Man kennt das. Die Tafel war wie gelöscht. Es war wie das Löschen der Schultafel, wenn man sich dieses Wohlgefühles erinnert: das Schwemmen, das Löschen, welche Wohltat die Schwärze, und wie erfüllt die Tafel dann war.

Ich besinne mich nicht, daß wir viel gesprochen hätten diesen Tag über, der Student Velten, der sich zu meiner Freude recht vermittelmeert hatte, sich schon lang nicht mehr kämmte, es sich auch niemals einfallen ließ, nach der Uhrzeit oder gar nach Wochentagen zu fragen, auch nicht mehr drängte, vielmehr die wunschlose Ruhe des Bergs unberedet in sich einziehen ließ und es natürlich fand, in dieser unzeitgemäßen Welt zu verweilen: er also und ich. Wir lagen am Strand an ganz verschiedenen Stellen, lasen nicht, schliefen auch nicht, waren vielmehr hellwach wie in gewissen schlaflosen Nächten, wenn die Stunden verrinnen, so daß man von ihnen nur das Rinnen wahrnimmt und die Turmglocke immerzu schlägt. Zeit, die schmerzlos verrinnt: Wohltat der Wohltat.

Gewiß, es war schön, in die Meereswellen zu starren, in das Gläserne, Grüne, das immer höher stieg, je höher die Sonne einfiel. Denn die Sonne zog es erst auf. Es war merkwürdig, die Glaswogen so von der Seite zu sehen. Oder die Boote, die draußen fuhren mit einem Kissen Luft unter sich, so daß sie schwebten, mit kleinen Puffwolken aus ihren Tukkermotoren, Wolkenperlschnüren.

Ich vergesse das Gefühl der Ankunft und Aufgehobenheit nicht, das mich an jenem Tage erfüllte. Der Tag bestand eigentlich nur aus diesem Gefühl. Bin auch sicher, daß ich von der Ausstrahlung der Halbinsel lebte, von ihrer Gelassenheit, ihrer gesammelten Ruhe, denn wir sahen von unserer Bucht geradezu auf die Einsiedlerküste hinüber, die an dieser Nahtstelle begann und in die wir, nach der Klosterwelt, nunmehr eingehen wollten: immer höher hinauf. Dort war die Gelassenheit der ganzen Welt ja zuhaus. Der gestaute Vorrat gab eben ab.

Ich mußte an die Geschichte denken, die sich im Corpus eremiticum, dem alten Väterbuch, findet. Zu einem Einsiedler kommen Fremde und fragen, was er aus seinem Einsiedlertum für Erfahrungen ziehe. Der Einsiedler, im Begriff, aus seiner Zisterne zu schöpfen, fördert das Wasser und bittet die Fremden alsdann, einen Blick in die Tiefe der Zisterne zu tun. Was sie dort sähen? Die Fremden blicken in die Zisterne hinab und antworten: »Nichts!« Nach einer Weile wiederholt der Einsiedel die Frage, die Fremden blicken abermals in die Tiefe hinab, der Einsiedel fragt wieder, die Fremden sagen: »Uns selber, unsere Gesichter.« Der

Eremit sagt: »Weil ich förderte, war Unrast in der Zisterne. Jetzt ist dort die Ruhe und man kann sehn, was man ist. Das ist die Erfahrung der Einsiedelei.«

Es ist wohl so, daß der Athos der eigentlich antifaustische Ort ist. Faust, der nur forschend und wirkend zu sich kommt, *nur in der Unrast:* Faust ist hier keine Gestalt.

Als wir uns vor fünfhundert Jahren entschlossen, den Athos in jedem Sinn zu verlassen, da tritt Doktor Faust aus dem Dunkel: große, allgemeine Gestalt. Verdichteter Schatten; der beunruhigten Seele tritt gegenüber, was ihre eigene Unruhe ist. Kommt ihr, Spiegelbild im hechtgrauen Rock, auf dem Reitpfad entgegen, sieht sich selbst mit dem Zweiten Gesicht.

So wird er, der Forscher, zur stellvertretenden Figur seiner Zeit: der Forscher, und nicht der Herrscher, der König. Und recht so. Denn er, der Forscher, wird länger leben und mächtiger als alle Könige sein. Er ist es, durch den die Epoche zu Gott steht.

In Auflehnung freilich. Faust ist, der in die »Geheimnisse zwischen Erdt und Hymmel eindringen will«. Elementa spekulieren, und die Astrophysik spielt schon gleich die bedeutende Rolle. »In doctrina interitus, Unheil durch Wissenschaft«, das ist von Anfang Fausts Satz. Da ist kein Unterschied zwischen Natur- und Geisteswissenschaft; der etwa wäre, fällt kaum ins Gewicht. Beide sind Zugriff,

Übergriff, beide Kinder des Aberglaubens, sie könntens erzwingen, indem sie von allem die Ursprünge, die Entstehungen, die Entwicklungsgeschichten erforschen: kleine Demiurgen und Auch-Schöpfer, die schon noch dahinter kommen werden, wie Der das alles gemacht hat.

Auf dem Athos denkt man: ach, vielleicht wäre das alles auch anders gegangen. Vielleicht war es gar nicht der einzige mögliche Weg. Hätten wir nur diese fünfhundertjährige Anstrengung der fortschreitenden Wissenschaft nicht erst auf uns genommen, dieser Wissenschaft, die mit dem Sturz in Himmelsräume begann, mit der historischen Sucht sich ins Geheimnis der Ursprünge drängte und im Maschinenrausch glaubte, sich um die uralte Mühsal drücken zu können. Vielleicht ist sie ungeheuerlich überschätzt, diese Neugier, diese Wissenschaft, dieser Riesengötze des Westens?

Denn allmählich sieht es doch Jeder, daß wir im Rad-Innern laufen. Das Eichhorn im Laufrad, das sich abhetzt im Fortschritt und sich nicht einmal um die eigene Länge von der Stelle bewegt.

Das Faustbuch: ein Schlüsselroman auf den Forscher, auf den Entdecker. *Faust, der Forscher als Werkzeug und Beute des Teufels.* Der Gelehrte, vom Rad der Unrast erfaßt, der, in Speiche und Nabe verwickelt, nicht mehr loskommen kann. Der Entdecker, ein leiser und gütiger Mann, der die ungeheuerlichsten Explosionen erzeugt. Der Forscher, der um des Zugriffs willen früher oder später dem Teufel verfällt. Weiter, weiter, aber nur noch der Teufel hilft weiter. Der Teufel, was heißt das? Der Teufel: der Selbstzweck. Das Leere.

Warum fährt Faust denn zur Hölle? Er hat doch nicht das geringste verbrochen? Der junge Goethe, um ihn seinem Jahrhundert überhaupt verständlich zu machen, muß moralische Schuld, Kindsmord und Muttermord auf ihn laden. Davon weiß die Faustsage nichts. Dort ist Fausts Schuld nichts als sein Forschergelüst. Nur der maßlose Drang, alles in den Zugriff, in den Begriff zu bekommen, nichts mehr verehrend stehenzulassen. So fährt er in die Hölle, ins Leere.

So geht die alte Geschichte. So auch beginnt sie bei Goethe. Bei ihm aber endet sie — ja, wo endet sie? Hier. Merkwürdiger, höchst merkwürdiger Weise *hier*, *hier*, an den Felsen der Anachoreten.

So kann denn Faust, der hingerissene Forscher, nicht länger Leitgestalt sein; seine Faszination ist im Schwinden, der Ruhm des Berühmten verblaßt. Mehr Licht beginnt auf die Namenlosen zu fallen. Auf irgendeinen Griechen zum Beispiel, auf jeden, dem es nie in den Sinn kam, anders denn als Pilger an diesem Ufer zu landen.

XVIII

Der Athosgipfel liegt zweitausend Meter über dem Meer. Das ist für einen so berühmten Berg nicht sehr viel, doch muß man diese Meter wirklich vom Meere aus steigen, während man im Gebirg ja meist schon bei tausend oder zwölfhundert anfängt. Hier setzt man bei Hagia Anni den Fuß vom Boot auf den Kies, der blendend weiß ist.

Es war Mittag, als wir das taten, und da die Mittagsglut eben so überlebt werden muß, verspannen wir einige Stunden am Strand in den löcherig gelbbraunen Felsen.

Gegen Abend ging ich ins nächstgelegene Haus, um den Weg über den Berg nach Katunakia zu erfragen. Während ein Mönch anfing, mir eine Beschreibung zu geben, mengte sich ein andrer aus dem Hintergrund ein und sagte, daß er nur noch schnell zum Strand hinab müsse, dann gehe er auch nach Katunakia hinauf, wir könnten zusammen gehen und so bedürfe es keiner Erklärung. Ich sagte, wir wollten auf ihn beim Quellbecken warten.

Dieses Quellbecken war ein großes, gut gemauertes Wasserbassin unter einer Steineiche und andererseits einer Feige, das sich tagsüber mit klarem Wasser vollgefüllt hatte. Der alte Mann kam. Es war der Einsiedler Kyrillos. Das erste, was an ihm auffallen mußte, war der Hut, dessen Kalotte aus dünner Leinwand bestand, die Krempe Gestepptes, das weit und breit lappte, so daß es vor lauter

Weite und Lappung gar nicht dazu kam zu fallen, obwohl das Prachtstück keine Spur von Form und Halt mehr besaß. Der Einsiedel trug einen Schoßrock, der überlang war und bis auf die Knie ging; übrigens wäre es falsch, einzelne Teile des Anzugs zu nennen, denn im Laufe der Zeit war alles zusammengewachsen. Er trug einen Rucksack, in welchem nichts oder nicht viel war, und einen Stock. Er sah halt wie ein Einsiedler aus.

Wir stiegen in den Weg ein, er trieb zur Munterkeit an, wie überhaupt viel Munterkeit von ihm ausging. Es sei nur noch zwei Stunden hell, erklärte er mit seinen dunklen und wichtigen Augen, und die müßten wir haben, und zwar, wenn wir gut gingen. Er selber ging gut, wie man sah, obschon siebzig; er war der erste im Weg und freute sich sichtlich an unserem Abendentzücken, das freilich groß war, denn unter den vielen wunderbar schönen Wegen, die ich auf dem heiligen Berg ausging, war dieser der allerschönste an südlicher Süße und hochgebirgiger Frische. Mir fiel später auch ein, daß es dieser Steig war, den Fallmerayer mit dem Aufstieg aus dem Eisacktal zur Seißer Alpe vergleicht; es läßt sich denken, daß er einen solchen Vergleich mit der südtirolischen Heimat nur in Ausnahmefällen wie einen Orden verlieh.

Eichenbestand. Blick auf Abendbesonntes, auf das Küstenstück, das ich am meisten liebe von allen, auf die Klöster des Dionysios, des Gregorios und das Bergnest des Simon Petra; es stufte und wellte sich grünsamten gebuchtet dahin. Drunten das

Dorf der heiligen Anna, das unter Zypressen und rauschenden Wassern über den Berghang hingetreppt war.

Geschenkte, nie zu vergessende Stunden. Der Samt der Hänge wurde immer gebauschter und tiefer. Die Sonne war hinter dem zweiten Chalkidike-Finger verschwunden und sandte Explosionen von Goldstaub zurück. Die ferne Küste zog blaue Buchten und intime rosa Schlünde in sich. Das Meer ganz opalen. Nach oben schossen, wie es dieser Tage allabendlich war, Fächerstrahlen über den halben Himmel empor.

Hier war es auch, daß wir zum ersten Mal auf dieser Reise Delphine erblickten, die alten Freunde, die Spieler, einen Schwarm von sechs oder sieben, ziemlich weit draußen auf dem opalenen Meer.

Der Alte schwitzte gewaltig, zog ein ungeheueres Tuch aus der Tasche und wischte. Wenn ich im Steigen einmal über ihm war und er den Lappenhut abnahm, um besser wischen zu können, waren die gelblich-weißen Haare zu sehen, spärlich nach rückwärts gesammelt und zu gelbem Neste gebunden.

Ich denke, daß es seine Munterkeit und seine Offenheit war, die mich darauf brachte, ihn geradezu ohne Überleitung zu fragen; es war in einer Kehre des Wegs und er war voran: »Willst du mir nicht sagen, Kyrille, wie ist das Leben hier so? Bist du glücklich?«

Ich wollte wohl, ich hätte die Kraft, die Augenblicke, die folgten, so hinzustellen, wie sie sich wirklich zutrugen. Nämlich, der Mönch Kyrillos wandte sich lebhaft herum und zu mir herunter, zog den Mund zu einer dunklen Rundung zusammen, nahm die Augen in die einen Winkel hinüber, rollte sie im Bogen zurück, eine im ganzen kaum zu begründende Geste, nahm so einen Schwung und rief laut: »Sto paradiso ton uranon, im Paradies aller Himmel!« und während ich noch dem Studenten der Theologie, der weiter vorn ging, zurief, er möge aufpassen, worum es sich handle, werde ich später erklären, rief er weiter: »Und wenn du mir alle Liegenschaften der Welt geben könntest«, rief er und warf den Arm über das ziemlich weite Stück ziemlich herrlicher Welt, das wir überblickten, »und noch dazu, was der König und die Königin hat, ich möchte nichts davon haben. *Hier* ist der Frieden der Seele, das kannst du mir glauben, denn ich kenne die Welt, die du kennst, und ich kenne, was hier ist und was du nicht kennst: habe ich also nicht den Vergleich?«

Ich sehe, daß es zwar möglich ist, seine Worte wiederzugeben, nicht aber die Überzeugungskraft des Momentes, die groß war. »Ich habe Christos im Herzen«, rief er weiter, griff zum Himmel hinauf und riß sich ein gutes Stück davon herab in die Brust, »er ist nicht droben im Himmel! der Himmel ist hier! und die Himmelskönigin wohnt nicht droben, sondern mir hier in der Brust, und so will ich nichts weiter. Oder was kann ich sonst wollen?«

Man hätte dem Manne weit weniger Neigung zubringen müssen, als wir es seit einer ganzen Weile schon taten, und man hätte außer acht lassen müssen: er hatte das, was er sagte, ja mit seinem Leben bezahlt, war schon vierzig Jahre lang hier und es war ihm recht, daß er hier war und daß er es so bezahlt hatte: um nicht Rührung über ein so aufgegangenes Leben zu fühlen. Ich sagte, halb scherzend: »Da muß man ja weinen«, und er knurrte, während wir weitergingen: »Die Welt müßte weinen, die Welt!« und dann noch: »Kannst mirs glauben: jeden Tag essen wir Kolokythia, Kolokythia« — das sind die länglichen grünen Kürbisse, die man brät oder zu Gemüse verkocht — »und dazu Paximadi, immer nur Paximadi« — das ist das steinharte trockene Brot der Einsiedler, die ja nicht backen, es muß zum Essen aufgeweicht werden —, »und doch sage ich dir: ich möchte nichts anderes, durchaus und gewiß nicht, denn ich habe den Frieden im Herzen.«

Er gab später noch her, auch nicht Priester möchte er sein, überhaupt kein Gottesgelehrter. Sie auf dem Hang beteten nur immer das kleine Jesusgebet, er rückte, um mirs zu zeigen, an seiner Gebetsschnur, die er herauszog, einen Knoten nach dem andern entlang und immer so fort, auch bei der Arbeit. Sonst nicht viel Gedanken.

Wir waren mittlerweile über den Bergsattel gekommen, welcher die Flur der heiligen Anna von der von Katunakia und Karulia trennt; fast auf den Meter ist man hier auf reiner Südseite, in hochsüdlicher Vegetation: Mandeln, Agaven und Feigen, freilich von allem nur wenig, denn es gibt ja kein Wasser. Wir spürten im Dämmer die Wärme, mit der sich die Felsen beim Tage angefüllt hatten und die sie nun ausstrahlten, und alles hatte im halben Dunkel wieder, wie damals, die unerfindliche Pracht.

Kyrillos konnte sich nun nicht weiter mit weltanschaulichen Fragen befassen, denn, wie es sich zeigte, er hatte in seinem Rucksack die Post. Nicht regelmäßig, wie er mir auf meine Frage erklärte, nur manchmal hole er sie: wer eben gerade so gehe. Er kramte, es waren einige Briefe, wir hielten vor dem stattlichen Haus des Hymnographen, eines in ganz Griechenland bekannten geistlichen Dichters, er rief, jemand kam aus der Holzpforte unter Zypressen. Noch einige Namen rief er nach oben und unten über den Einsiedlerhang, Anachoreten traten aus ihren Höhlen und Hütten, kamen herbei oder riefen, er möge die Sendung auf den Stein beim Dichterhaus legen. Es war schon ganz dunkel, wir nahmen, um die Aufschriften lesen zu können, unsere Taschenlampe zu Hilfe.

Es war Zeit, sich zu trennen, ich kannte mich nun ja auch aus. Ich sagte noch zu Kyrillos, wenn er zuweilen die Post hole, so habe er vielleicht auch schon einmal einen Brief von mir ausgebracht, und wenn ich wieder daheim sei und an ihn dächte, schriebe ich ihm auch einmal einen Gruß, wozu er meinte: »Warum nicht, das wäre recht gut«, und damit trennten wir uns.

XIX

Mit den Danielei, den Malermönchen, hatte ich
Briefe gewechselt, und das Wiedersehen war eine
große und rührende Sache. Ich öffnete die knarren-
de Holzgattertür, sah auf dem Vorplatz den alten
Gerondios, den Maler, ein Maultier beladen, er
blickte auf, sah mich nachdenkend an, dann große
Begrüßung.

Allmählich sah ich auch klarer, welche Rolle das
kleine Malerkloster der Danielei auf dem Hang
der Einsiedler spielte. Es war seine Oase. Es war
so, daß dies Haus seit Jahrzehnten eine Art Fami-
lienhort war; ein Mönch Daniel war vor Zeiten
Gründer und Vorstand gewesen. Seitdem pflanzte
das Klösterchen sich familienhaft und doch nicht
familienhaft fort: eben so, daß aus dem weitver-
zweigten makedonischen Stamme der Danieliden
ein und das andere Mitglied einzog. Man sah ja
am kleinen Paschalis, wie sie es machten. So war
eine gewisse Familienwärme zu spüren, freilich
auch Nestpolitik, so etwas bleibt ja nicht aus. Vom
Geist des Einsiedlerhangs war wohl nicht mehr als
eine Art pietistischer Werktagsfrömmigkeit übrig-
geblieben. Doch ist es echt griechisch, daß ein Ge-
bild wie der heilige Berg Spielarten in sich hat.

Die Danielei also wirtschafteten, bauten aus, bauten an, verbesserten, sorgten. Alles war musterhaft,
alles im Stand. Hier rechnete man offenbar nicht
mit dem morgigen Ende der Dinge, man war mehr
für die Dauer. Ich sah im Untergeschoß die Tisch-

lerwerkstatt, ich hatte in Griechenland nie eine
bessere gesehen. Die Malerwerkstatt im Oberge-
schoß kannte ich schon, ich sah sie nun wieder. Sie
malten zu fünft, eine richtige Schule; der alte Begriff einer Malschule bekam hier Anschaulichkeit.
Wie in der Schule saßen sie zwei und zwei hinter-
einander, zwei Plätze am Fenster und zwei an der
Wand, dazwischen ein Gang und am Ende, wo
sonst der Lehrer und die Schultafel ist, der Alte,
der kluge Gerondios, vor seiner Staffelei. Die Farben selbst angerieben, Firnisgeruch, und nun hätte
nur noch die Kunst, nun hätten nur noch auf den
Staffeleien halbfertige und ganzfertige Cimabues
oder Simone Martinis oder Giotto-Schule sein müssen, und die Sache wäre vollkommen gewesen.
Auch das war noch in der alten Ordnung, daß
Kunst hier namenlos war. Namen, die hat sie hier
nie gehabt, nie gebraucht, nie gewollt. Wenn in
unseren Tagen die Kunsthistorie soviel Scharfsinn
aufwendet, um zu erforschen, von wem dies und
das sei, so müßte sie dazu sagen, daß sie damit
den Urhebern zudenkt, woran denen nichts lag.
Ruhm und Nachruhm: eine heidnisch-antike Idee.
Erst Dürer hat Initialen auf seine Blätter gesetzt,
Marmortäfelchen, womit er ganz richtig auf die
Antike anspielte und der Idee der Unsterblichkeit
zollte: das eben ist Renaissance. Noch Grünewald
hielt nichts von einer solchen Idee. Künstlerruhm?
Nein. Eingehn in die Geschichte? O weh. Er war
noch im Rechten und Alten, so daß er die Spur
hinter sich löschte, wie es von jeher der Brauch war.

Die Kunsthistorie hat ihm diese Erwählung geraubt, seinen Namen ans Licht gezerrt, seine »Persönlichkeit«: ein zweifelhafter Gefallen. Ein »Werk«: ja, aber wollte er das? Man muß annehmen, daß solche Maler ihre Namenlosigkeit, ihr Verschweigen wie einen Kraftquell genossen.

Noch später begannen die Künstler, ihre Werke zu zählen. Mozart tats nicht, der Titan Beethoven tat es, bei Bach wäre es noch ganz unvorstellbar gewesen. »Opus«, das wird jetzt zum stolzen Begriff. Der Künstler spricht selber von seinem »Werk«. Es ist eine ganz besondere Art Werkgerechtigkeit, die da auf einmal erscheint.

WERKGERECHTIGKEIT

Werkgerechtigkeit, diese Hauptfrage Luthers und auch den Faustschluß regierende Frage ist vom »guten Werk« der Nächstenliebe längst auf das gute »unsterbliche Werk« der Kunst und der Wissenschaft übergegangen. Mit solchen Werken glaubt man jetzt allen Ernstes bestehen zu können. Und neuestens tritt das Werk, das gerecht macht, gar als »das Werk« auf, als das Hüttenwerk und das Stahlwerk und als das Sozialwerk — einer Wohlfahrt, bei der zuletzt alle mißfahren. Das Werk, das Werk. Der Götze, den alle in Osten und Westen anbeten. Ein Tag, den man in einem Industriewerk verbringt, belehrt einen darüber, was das für einen Götzenklang hat: das Werk, von welchem das Heil kommt. So daß ein Luther, der heute aufträte, nicht mehr daran dächte, gegen Möncherei und werkgerechten Ablaß zu wettern, vielmehr gegen den Abgott Leistung und Goldenes Kalb Werk, die eigentliche, tödliche, unevangelische Werkgerechtigkeit dieser Zeit.

Natürlich ist eine so gründliche theologische Frage, wie es die Werkgerechtigkeit ist, nicht damit erledigt, daß eine verweltlichte Welt sie eines Tages einfach vergißt. Es steckt alles voller nicht mehr erkannter, verleugneter Theologie. So verstoßene theologische Fragen aber sind nicht zu lösen, sie würden denn als Heilsfragen wiedererkannt. Wie ließe sich auch auf das tausendjährige Denken darüber verzichten, ein Denken, das mit dem Leben bezahlt war. Kein akademisches Denken.

WEITER DIE DANIELIDEN

Mit der Zeit lernten wir die einzelnen Hausbewohner nach Namen und Tätigkeit kennen. Eine Weile brauchte ich, bis ich in Pater Stefanos den ersten Mann in der Gemeinde erkannte, da er offenbar nicht der Stärkste, nur eben der Älteste war. Er nur durfte zu Tisch bitten und die Tafel aufheben, er nur Briefe im Namen des Hauses ausgehen lassen, er nur Beschlüsse fassen und Termine ansetzen. Lang hatte ich den Meister der Malstube, unseren Freund Gerondios mit dem dünnen Graubart, für den Vorstand gehalten, da er der Klügste war und ausgezeichnete Sachen zu sagen verstand. Nach ihm war ein Mann in den mittleren Jahren, Nyfon mit Namen, bedeutend; er war es, der die Wirtschaft in fester Hand hielt. Er war unter all den Hageren der einzig Beleibte; mit Vergnügen stellten wir fest, daß sich in einer Gemeinschaft, in welcher das Weiblich-Mütterliche ausgespart ist, diese Rolle dann doch einen Träger aussucht, so wie es bei den Soldaten die »Mutter der Kompanie« gibt.

Die Jüngeren in diesem Kreis überwogen; von den neun Hausgenossen mochten immerhin fünf, den kleinen Paschalis nicht eingerechnet, unter den Dreißigern sein. Einer dieser Jüngeren, Pappa Modesto, besaß Priesterwürde und hielt Liturgie; auf ihren Gesang taten sich die Danieliden etwas zu gut. Ein anderer, Grigorios, ein Maler, lag, als wir ankamen, mit hohem Fieber zu Bett; er hatte vierzig zwei, und wie er schwitzte. Es mußte Malaria sein, denn am anderen Morgen, als ich ihm einen Krankenbesuch machen wollte, saß er am Tisch und schrieb, als sei nicht das geringste gewesen, kaum daß er einen Schein blässer als sonst war, ein bäuerlich kraftvoller Typ. Am Abend lag er wieder mit seinen vierzig Graden und schwitzte.

Ich weiß nicht mehr, ob es derselbe Grigorios war oder Pappa Modesto, der Priester, dem ich eines Morgens zusah, wie er sich kämmte; bekanntlich gehört es zum Ritus des Mönchtums in der griechischen Kirche: das Haar darf mit der Schere in keine Berührung gelangen. Er bewohnte eine der Zellen im oberen Stock, ich saß unten im Garten, als ich ihn auf den Balkon treten sah. Ich hatte keine Ahnung gehabt, daß das Haar eines Mannes so lang wachsen kann. Dieses jungen Mönchs Haar, das er tagsüber aufgeknotet unterm schwarzen Rundhut verbarg, reichte bis zu den Hüften herab, war kastanienbraun und von erstaunlicher Fülle. Um die Löwenmähne zu kämmen, mußte der Mönch Handbewegungen machen, die man sonst nur an einer Frau gewohnt ist. Es ist aber sogleich zu sagen, daß das Bild nicht die Spur von Unmännlichem hatte, im Gegenteil, es war kraftvoll und männlich. Da ich in der Gefangenschaft lange genug Gelegenheit hatte zu sehen, mit welcher Ausdauer der Kampf um längeres Haar geführt wird, denn auch der englische Barras hat die Marotte der Haarschur, weiß ich, daß sich die Symbolik der Haartracht unter der Schwelle lebendig erhielt. Wenn die »Preußen« aller Nationen auf Haarschur bestehen, so wissen sie schon, was sie wollen. Wie aber kommt es, daß sich ein ganzes Zeitalter freiwillig der langen Haartracht begibt, wie es seit hundert Jahren der Fall ist? Nicht länger; man denke nur an die Bilder des jungen Hölderlin und Novalis, Rückert, Chamisso, Jean Paul; an Bilder des jungen Goethe und Schiller, Lessings Mozarts, Dürers und Raffaels, man denke an wen immer man will, und man wird der Vermutung nachgeben müssen: es sind schlechte Zeiten für die Freiheit gekommen.

Zum Dank für genossene Gastfreundschaft versprach ich, für Pinsel und Farben zu sorgen; die Mönche hatten früher mit Firmen in Mitteldeutschland zu tun gehabt, aber die Verbindung verloren. Gern erfüllte ich es. Freilich, der Umstand, daß ich über die Kunst des Hauses und des ganzen heiligen Bergs nicht günstiger urteilen kann, ging und geht mir noch nach. So unbehaglich war es, in einem Raum mit solchen Bildern zu sein, daß wir litten; man kennt ja die Niedergeschlagenheit, die um sich greift, wenn in einem Raum mittelmäßige Kunst ist. Oder wenn Bilder, die man einmal für stark hielt, sich plötzlich als altgeworden enthüllen: man kennt das. Man wird solche Räume wie ausgeblasen verlassen und nur das Erstaunen forttragen, daß es eine solche Anzapfung von Lebensmut überhaupt gibt, einen solchen Od-Vampirismus, eine solche Saugkraft des Nichts. Ob Kunst anwesend ist oder nicht, merkt man doch daran, daß man die Kraft, sie zu empfangen, von ihr mitgeliefert bekommt. Das macht doch die Bilder zu Geschöpfen der Großmut. Das ruft doch beim Empfänger das Gefühl der Rangerhöhung hervor. Wie, fragten wir uns vor jenen Heiligenbildern, wie kann es geschehen, daß alle Voraussetzungen zu erfüllter Kunst da sind, und doch ist sie leer? Der Glaube ist stark wie er immer war, die Übung seit tausend Jahren nicht unterbrochen. Das Malerbuch vom Berg Athos, das uralt ist und vorschreibt, wer in einem Marientod oder in einem Himmelfahrtbild anwesend sein muß und in welcher Stellung und mit welchen Attributen versehen, gilt wie jemals. Die Kunst ist namenlos wie in uralten Zeiten. Und doch auf einmal ganz leer. Warum ist die

Fülle entwichen? Warum kein Durchschein mehr da?

Schlimm, schlimm. Niemand wird das Geheimnis solcher Entziehungen lösen. Aber besser als Untergangsprophetien wird sein, sich mit diesen Mönchen zu sagen, daß schon manchmal im Lauf eines Jahrtausends Entzug war und daß man geduldig sein müsse. Das sagen sie nicht im Hinblick auf ihre Kunst, von deren Leere ahnen sie nichts, da gibt es von jeher Narkosen; sie sagen es im Hinblick auf ihre geringer werdende Zahl. Sie sagen: das ist im Lauf eines Jahrtausends schon hin und wieder gewesen, zur Türkenzeit etwa. Auf einmal habe der Himmel wieder Leben geschenkt. Geduld also. Das sei jenseits der Sorge. In Form, in Übung sein, das ist alles. Wer weiß, eines Tages kann auch die Kunst auf einmal wieder Fülle gewinnen.

Das Schöne, das Schöne. Es ist nur ein ausgeworfenes Netz. Wissen wir, wann es fängt?

Ich hatte einen der Einsiedler-Mönche bedrängt, mir zu sagen, was ich ihm von daheim senden könne, denn er hatte offenbar nichts und sein Bretternest sah unglaublich kümmerlich aus, und er hatte mir schließlich gesagt: »etwas gegen die Mücken«. Darauf hatte ich ihm Multocid zum Versprühen gesandt und er dankte in einem Brief, in dem von Orthographie nicht die Rede sein konnte, aber die Unterschrift war: »o elachistos monachos, der schlechteste Mönch Dionysios«. Eine Formel wahrscheinlich. Aber wie traf michs.

XX

Ich hatte im ersten Jahr mit Joannis beim Abschied die Adressen getauscht, und wirklich schrieb
er mir mehrere Briefe, in denen er mich vor allem
ermahnte, im neuen Kalender die Quelle allen Un-
heils dieser Zeit zu erblicken; nämlich, Griechenland hat sich erst in den zwanziger Jahren unter
die gregorianische Zählung gebeugt, und das bedeutet für einige Eiferer: unter Rom, unter die
westliche Welt. Weiterhin teilte er mit, man habe
jetzt eine alte Prophezeiung gefunden, wonach sich
in Kürze die Christenheit wieder zu einer einzigen
Kirche vereine und es werde wie im ersten Jahrtausend die alte griechische sein. Während ich für
die Kalenderfrage keine rechte Leidenschaft auf-
bringen konnte, ließ ich es an mithelfenden Wünschen zur Wiedervereinigung der christlichen Kirchen nicht fehlen. Wenn auch nicht Rückkehr, so
antwortete ich, so müsse das Gefühl des Zueinan-
dergehörens doch stärker als alles andere sein, das
sei so sehr das Gebot der Stunde, wie daß Europa
sich vereinigen müsse. Nie sei, so schrieb ich, und
variierte damit den Satz Carl Friedrich von Weiz-
säckers, »er vergesse es nie, vor 1517 sei auch er
katholisch gewesen« — nie sei zu vergessen: vor
dem Jahr 1054 seien wir alle griechisch und christlich gewesen.
Von sich selber berichtete er, sie hätten auf dem
Einsiedlerhang im vergangenen Winter wie noch in

keinem andern gelitten. Das war wohl zu glauben; ich wußte, dieser Winter war böse gewesen; an Öfen war am Einsiedlerhang schon wegen des völligen Mangels an Holz nicht zu denken. »Noch so ein Winter«, schrieb er, »und wir vergehen.« Aber da war es schon Frühling. Eine gegenwärtige Not hätte er wohl nicht geklagt.

Als ich anfragte, was ich ihm etwa mitbringen könne, antwortete er: einen Kompaß, damit er ausmachen könne, wo am Horizont seiner Einsiedelei mein deutsches Vaterland liege, ein echter Küstenwunsch, fand ich, dann einige Feuersteine, und wenn ich so gut sein wolle, ihm ein halbes Kilogramm schwarzer Farbe zum Färben von Wolle zu bringen. Der Händler, dem ich das vortrug, fragte: »ein halbes Kilo? ob Einer sein Haus damit anstreichen wolle?« worauf ich entgegnete: für den Fall, daß mein griechischer Freund seine Hütte mit schwarzer Wollfarbe anstreichen wolle, solle es an mir auch nicht fehlen. Die Farbe war aber, wie sich später ergab, zum Einfärben der wollenen Rosenkränze bestimmt, die Joannis flocht.

Dann sah ich ihn wieder. Er hatte im Gerede des Einsiedlerhangs schon gehört, daß ich da sei. So wartete er vor dem Hause der Danielei geduldig, einen ganzen Vormittag und einen halben Nachmittag lang. Als ich ihn erblickte, saß er auf einem Haufen weggeworfenen Zeuges, ein wenig wie Hiob, sonst aber wohlauf. Die Wiedersehensfreude war groß. Wir mußten ihn allsogleich in seiner Höhle besuchen; er ließ sichs nicht nehmen, uns zu bewirten und, da man beim Bewirten ja leicht den Fehler macht, dem Gast das aufzutischen, was er in seiner gewohnten Welt ohnehin hat, anstatt ihm zu schmecken zu geben, was für ihn merkwürdig ist, gab es drei vollkommene Gänge, worauf er seit langem hingespart hatte. Ich bemerkte, er nahm aus den Dosen und Flaschen das Letzte, hinterdrein war überhaupt nichts mehr da. dabei war es zuviel, er hatte eben den Maßstab verloren und überschätzte die weltliche Vielfresserei. Es war heiß, wir saßen am Höhlenboden auf Hockern, über uns wölbte der Stein sich, es gab Reis und Thunfisch und dicken Rotwein, der Kater rumorte, der Totenkopf schaute zu. So aß ich denn einmal im Leben in des Antonius Einsiedlerhöhe, aber da gerade zu viel.

Es ist sicher, Freund Joannis war schrullig, im Gesamten des Einsiedlerhangs war er höchstens Pater scurrilis. Man hatte ihn auch nicht zum richtigen Mönche gemacht; obwohl er nun schon seit zwanzig Jahren dort hauste und schon einige graue Haare besaß, war er immer noch Dokimos, das heißt, er war Novize geblieben. Es kam heraus, daß er auch noch stolz darauf war. Er war eben Einer außer der Reihe, eine etwas verrückte, etwas erheiternde Figur des heiligen Bergs, auch Einer, der nicht darauf aus war, ganz und gar ernst genommen zu werden.

Aber, wie es so ist, er war von Anfang an zur Verfügung gewesen für uns, *da* im rechten und nicht falschen Moment, auf beinah unerklärliche Weise.

Manche kennen eben das Geheimnis des rechten Moments, und manche wählen immer den falschen. Was will man, der rechte Moment ist die Tugend des Zakchaios, des Zöllners gewesen, der in Jericho auf den Baum stieg, wie es Lukas erzählt, neugierig, geweckt und ganz offen. Und wie wird sein Dasein im rechten Augenblicke belohnt.

Wir schlugen unserem Freund vor, einen Gang durch die Felsenklausen von Karulia zu machen, und er war sofort bei der Sache. Der nächste Morgen wurde vereinbart, und so verdanke ich ihm auch das noch, allein hätte ichs nie zu sehen bekommen. Nun ist es mir so in die Erinnerung geschossen. Wie oft überrasche ich mich, daß ich dort bin und gehe und steige auf den Leitern herum, im Heißen, an den senkrechten bräunlichen Felsen, über dem tiefblau geriffelten Meer: als sei ich in jenen Morgenstunden an einem äußersten Punkt meiner Möglichkeiten gewesen, von wo aus Alles für alle Zeit anders aussieht.

Es war Morgen, wir kamen. Joannis kochte für jeden eine Tasse Kaffee, auch seit langem aufgehoben für uns und wiederum aus der Büchse das Letzte. Dann zogen wir los, felsige Steige zwischen Dornen und Macchiagebüsch, aufwärts und abwärts, hundert oder zweihundert Meter in der Tiefe das Meer. Wir kamen an einem Häuschen vorbei, das seit fünfundvierzig Jahren ein russischer Großfürst bewohnte. Während der Weg und die an ihm liegenden Hütten in einem Kar steckten, das vom Gebirge herabfiel, stiegen wir nun in den Felsen selbst ein, in den nackten, braunroten, von der Sonne durchgluteten Felsen. Es ging steil zum Meere hinab, das sofort tief war und von edelsteinerner Bläue, oberflächig von einem überaus zärtlichen, silbergeschmiedeten Narbengeflechte gerauht. Bald waren Ketten, bald Haken und Spangen in die Felsen geschlagen, dann wieder Seile gespannt und Eisendrähte befestigt, alles recht abgegriffen und dürftig, wie es sich für ein Leben in Endzeiterwartung gehört, wo es keinen Sinn hat, was Festes zu machen. Da gehört es zum Stil, daß jeder Haken so ist, daß man mit einem Stoßgebet denkt: vielleicht hält er das eine Mal noch.

Dann Strecken, die man auf Leitern beging, welche in den Fels gestellt waren, um auf einem kleinen Felsenvorsprung zu landen, der seinerseits auch nicht viel Sicherheit bot. »Nicht zurückschaun, nicht hinunterschaun!« rief uns Joannis in so einem Fall zu; doch es wäre unmöglich gewesen, nicht hinunterzuschaun in die ans Kakaobraune leckende, weißgeränderte Flut, die soviel klare Entschlossenheit hatte. Joannis legte scharf Tempo vor, sei es, weil das seinem Temperamente entsprach oder weil er sich sagte, daß man dergleichen nur im Schwung nehmen könne. »Avanti la musica!«, rief er zuweilen; weiß der Himmel, wie es die Phrase an seinen Strand gespült hatte.

Dazwischen unterhielten wir uns. In einer Höhle, in welcher sich brandroter Erdstaub zu großer Halde angeschwemmt hatte, gerieten wir auf die Apokatastasis apanton, die Allversöhnungslehre,

an die Origenes glaubt, aber Joannis griff zu den
stärksten Gesten der Abwehr, warf den Kopf weit
zurück und die Arme ins Breite und rief laut:
»Erzketzerei, Erzketzerei!« Links und rechts vom
Eingang zur Höhle gab es gelben und blauen Krokus und Erdbeergebüsch mit gelbroten Beeren und
Cereus-Kakteen mit großen reifenden Früchten.
Man müsse sich, meinte Joannis, das Ganze auch
bei Nacht denken: dann kämen sie alle, die Uralten,
die Achtzigjährigen, mit Öllampen über die Leitern an Seilen und Ketten zur Liturgia gekrochen.
Da und dort, wenn ein Felsen eine kleine Ebenheit
machte, war eine Holzhütte angewachsen, halb
drinnen im Fels und halb draußen. Durch die Bretter war alsdann in der Tiefe die blaue Meerflut zu
sehen; wie wir so zu dritt oder viert darauf standen, geriet manches ins Schwanken. In die Brü-
stung war alsdann ein Aufzugbalken gesetzt, woran über eine Rolle ein Seil lief: der Aufzug, mit
dem man vom Meere herauf von einem Boot etwas
aufnehmen konnte. Gleich bei dem ersten Einsiedel,
den wir besuchten, war das zu sehen.
Das Seil mit dem Greifhaken war hinuntergelas-
sen, es wurde vom Seewind in die Schräge geweht.
Das kleine Boot in der Tiefe, recht winzig, hatte zu
tun, um sich auf der Stelle zu halten. Der Eremit
nahm Schilfrohr auf, das am Ausgang der Schlucht
von Hagiu Pavlu wuchs und das er zu Körben
verflocht. Andere schnitzten Stempel, auf den
»Christos wird siegen« eingekerbt war und die man
in den Teig des geweihten Osterbrots drückt, noch

andere flochten Kyrie-eleison-Kränze, wie Joannis, gelbe und rote, auch verquickte und, als die teuersten, feinsten und besten, die mit Wolfenbüttler schwarzer Farbe gefärbten.

Es war leicht zu erkennen, daß diese Nester seit vielen hundert Jahren unverändert dastanden. Einmal ein Brett, ein Rohrdach, eine Lehmziegelmauer erneuert und so das Ganze wieder für eine Weile benutzbar gemacht: ein Leben am Rande der Letzten Dinge, die jeden Augenblick anbrechen können — und hoffentlich bald, denn dann wird alles *eigentlich* sein.

Zu Zeiten der alten Seefahrerei hatten die Rollen noch einen anderen Sinn. Die Segelboote, die aus der Bucht von Thessaloniki nach Makedonien fuhren, nach Kavalla und von dort aus zum Goldenen Horn, hielten an, gaben Almosen. Alter Seefahrerbrauch. Indessen, davon kann heut zu Tage kein Almosensammler mehr leben und wenns auch ein Athos-Einsiedler ist, der nach unseren Begriffen von nichts lebt. Seit jenen Tagen sind die Schiffe ja schneller und schneller geworden, Zeit, Zeit, wieviel Zeit wurde dadurch gewonnen. Aber freilich, wo ist sie? Wo ist sie eigentlich, alle die gutgemachte, all die gewonnene Zeit? Wie von der Kuh aufgeleckt ist sie, jedermann sieht, es ist auf einmal fast keine mehr da. Kein Kapitän der Welt kann es sich noch erlauben, eines Einsiedels wegen zu stoppen. Kopfschüttelnd blicken die Mönche von ihren Felsen auf die tuckernden Motorschiffe hinab: bei lebendigem Leib keine Lebenszeit haben, aber das ist doch schon Tod. Das ist doch Verdammnis, deren Schatte vorausfällt.

Viel solcher Bleiben sahen wir liegen, und einige betraten wir auch. Sahen, was man auf einen Sprung halt so sieht, sicher nicht viel, immerhin: Armut, die aufgehört hat, eine zu sein, weil sie sich nicht als Armut versteht, Einfalt, von der man nicht weiß, ob man sie nicht die Weisheit aller Weisheit zu nennen hat und Gleichmut nicht aus Geschlagenheit, sondern aus Lösung.

Mir fiel ein, daß Wilhelm von Humboldt auf dem Montserrat, einem anderen heiligen Berg, einen Mönch fragte, ob er nicht glücklich sei, sein Leben lang auf so viel Schönheit hinabblicken zu dürfen, und dieser habe erwidert: »Ich sehe sie nun seit zwanzig Jahren, und also sehe ich sie nicht mehr.« Man darf diese Mönchantwort jedoch nicht zu flach hören. Wenn er das Schöne der Landschaft nicht sah, so war es, weil er aufgenommen, selbst ein Teil war von ihr. Wie sollten die Athos-Einsiedler ihr Leben im großen Hinabblick auf diese edelsteinerne Bläue, auf diese hingewälzte Silberfolie verbringen, ohne daß Meerstille ganz und gar einzog in sie? Sie ist eingezogen.

Galene, die Meerstille, ist immer eine Metapher für Seelenfrieden gewesen. Wenn die Mittagsonnen aufs Meer stemmen, sieht es aus, als schmölze in unübersehbarer Wanne unübersehbares Metall. Welches Dröhnen, welcher Gesang im Gewölbe. Schmetternde Klarheit, unwiderstehliches Licht. Alles legt sich selbst ab. Große Ereignislosigkeit, großer Stillstand. Zeit: was ist dann noch Zeit? Alles klingt, alles läutet, alles ist aus Metall. Überm Geschmolzenen ist eine Haut. Es ist möglich, daß sie nur aus zurückgeworfenem Lichte besteht, aber sie trägt, diese Lichtflur, sie trägt. Sie hat übrigens Narbe, ist geriffelt, offensichtlich bewegt. Aber wie unbedeutend, wie oberflächlich das ist. Das sind Neuigkeiten, die ganz ohne Neuigkeit sind.

XXI

Auch nach Hagios Basilios stiegen wir auf: so
heißt eine Handvoll Eremiteien in den Felsenhän-
gen des Karmel, sieben- oder achthundert Meter
über dem Meer. Ich ging dorthin des Pater Gerasimos wegen, des Chemikers, der nach dem Tod
seines geistlichen Vaters hinaufzog und fünfundzwanzig Jahre dort einsiedelnd wie einen einzigen
Glücksaugenblick lebte. Ich dachte mir, daß es der
Mühe wert sei, einen solchen Ort zu besuchen.
Natürlich war nichts Überraschendes droben zu
sehn, nichts Besondres. Ein Bergnest eben, wenn
das nicht schon etwas Besonderes ist, im Süden,
fast tausend Meter unmittelbar überm Meer. Wald-
wege durch hohe Steineichen und blauer Krokus,
in der Spielart der höheren Lagen: die Blume so
groß wie eine aufrechte Hand, mit einer Kreuz-
schraffur, nicht durchgefärbt, sondern das Blaue
wie erst vergessen und dann nicht ganz sorgfältig
mit dem Pastellstift gemacht. Auch tausend Zy-
klamen.
Bei einem ersten Haus traten wir ein, um nach des
Gerasimos früherer Klause zu fragen. Wir trafen
den Priester der Skite und einen jüngeren Mönch
an, der Maximos hieß und bleich und wächsern
aussah, mit den geröteten Nasenflügeln, die zu den
Asketenmerkmalen gehören, als habe ihr Träger
die Nacht durch geweint, wozu seine Heiterkeit im
Kontrast stand, und übergroßen Mystiker-Augen.
Die Philokalia lag auf dem Tisch, das berühmte

Kompendium der geistlichen Übung, Venedig 1781 gedruckt und Väterstellen enthaltend, welche die Versenkung empfehlen. Philokalia heißt sie, nicht Philosophia. Liebe zum Schönen.

»Sie müssen darauf gefaßt sein«, hatte der Gouverneur mir gesagt, »daß die Einsiedler Sie entweder gar nicht empfangen oder daß sie nur höflich zu Ihnen sind, was, Sie verstehn, fast noch weniger ist als das andre. Es gibt eine Redensart unter den Eremiten, die ich Ihnen sage, eine Phrasis in Bezug auf Besuche: ›apechomen ton misthon, wir haben unseren Lohn dahin‹: nämlich, wenn sie besichtigt, wenn sie angeblickt werden.« Gut, das verstand ich. Ich verstand, daß damit nicht ein himmlischer Lohn für Beten und asketisches Leben gemeint war. Denn das merkt man bald, daß vom Himmelverdienen, vom Horten von guten Werken und selbstgerechtem Voran bei den Mönchen nicht die Rede sein kann: ein lutherisches Mißverständnis, nichts weiter. Wohl aber gibt es zerrissene Gespinste, wohl gibt es verlorene Unschuld des Tags und der Stunde, es gibt den Geheimnisverrat und es gibt das Verreden. Wohl gibt es das schiefeste Bild, wenn Einer um seiner Einsiedelei willen angeblickt wird. So heißt es ja auch vom heiligen Franz, er habe Müh und Sorge gehabt, den Duft der Gnade aus der Einsamkeit vor dem Lobe der Menschen zu retten.

Wir stiegen zu des Pater Gerasimos früherer Wohnung hinab, einer ziemlich geräumigen Hütte, in welcher Pater Bartholomaios jetzt hauste. Das war ein Greis mit grauweißen Haaren und grauweißem Gewand und einer nickelnen Brille, den wir in Hausgeschäften aufstörten, der uns etwas betulich vorkam und, solange wir bei ihm verweilten, freundlich-abwesend war. Wir hätten ihn nicht weiter zu rühmen gewußt, hätte uns nicht Freund Joannis, unser Adreßbuch des unteren und des oberen Einsiedlerhanges, später gerade den Bartholomaios vor allen Anderen gepriesen. Er nannte ihn einen *guten Mönch:* das war der höchste Rang, den er, und äußerst sparsam, verlieh. Denn Joannis besaß ein kritisches Auge und eine Reibeisenzunge und wiederholte des öfteren, hier »wisse Einer vom Andern, wie viele Zähne er habe« und »es könne sich eben keiner hinter seinem Finger verstecken«: zwei Redensarten voll Bildkraft, die wir uns anzueignen beschlossen.

Somit wäre mir vom heiligen Basilios nichts Besonderes in Erinnerung geblieben, wäre nicht ein beim Pater Bartholomaios gefallenes und mir erst hinterdrein aufgegangenes Wort, wäre mir nicht in Nachwirkung dieses Vormittags das Wort »Kenosis« lebendig geworden, und zwar so, daß ich dieses hochchristliche Wort für immer mit diesem Bergnest, diesen geglühten Felsen, gelackten Steineichen und diesem Meerglanz zusammenhöre und sehe. Denn Worte sind Leiber mit Blut in den Wangen. Sie können erröten, ihr Puls kann hämmern und jagen, und sie müssen, wie alles Lebendige, Schicksal und Leidenschaft haben. Freilich, meist sind es nur abgehetzte Gespenster mit weißen

spärlichen Lippen oder, was schlimmer ist, aufge-
schminkt, Schaufensterpuppen, ähnlich den Angst-
bildern, die durch die Malerei dieser Zeit gehn,
oder geübte Phantome, welche die Keckheit besitzen, zu behaupten, nicht Phantome, sondern das
Eigentliche zu sein. Gereimte Undinen.

»Kenosis«, was Luther im Philipperbrief mit »Ent-
äußerung« gibt: vor ihr liegt das erste Gebirge,
welches der Eremit überwinden muß, um sich ganz
leer zu machen, sich ganz zu entäußern. Leer weit
über den Abwurf des Besitzes hinaus, leer auch von
Welt und von Wissen. Doch wozu sprechen, es ist
das, was von jeher ein Schlüsselwort der Mystiker
war, Eckeharts, Ruysbrooks, auch Luthers: *die Gelassenheit.* Zurückgelassen die Welt. Da bleibt weiter nichts als dieser Meerglanz tiefunten, diese Ge-
schmolzenheit. Narbe aus Widerlicht. Nur diese
glanzvolle Stille.

EREMITEI

Da bin ich also dort oben gewesen, und nicht nur
in Hagios Basilios droben, über den ganzen Einsiedlerhang habe ich Eremiteien gesucht, wenn ich
aber sagen sollte, ob ich mir jetzt einen Begriff
machen kann, wie man so ein Leben wirklich besteht, so kann ich kein Wort dazu sagen. Denn es
handelt sich doch nicht darum, daß man es halt so
besteht, so ein Einsiedlerleben, daß man es aus-
hält, hinschleppt, mit einiger Haltung erträgt, wie

eine der zehntausend offenen und verborgenen, manchmal ganz geselligen und geschäftigen Einsiedeleien, von denen die massenhaften Städte ja voll sind. Es können natürlich nur die erfüllten, gewollten, geglückten Eremiteien gemeint sein, deren Leere keine Vergeblichkeit ist, vielmehr Erfüllung ansog, forderte, ansog und ansog und denn auch wirklich Erfüllung empfing.

Freilich, Einsiedeleien gibt es heut zu Tage genug. Je mächtiger Masse anschwillt, desto mehr ist doch Einsamkeit da: oder ist Einer noch nicht in der Kaserne oder im Lager gewesen? Masse und Eremitage, das ist doch dasselbe. Bloß, dann ist es eine verfluchte Eremitage. Man wird sie kaum noch Einsiedler nennen dürfen, diese hunderttausend Gefangenen ihrer Ratlosigkeiten, diese Unfreiwilligen, die in Einzelhaft sind, Einsiedler aus Unglück und Zwang. Aber das kommt natürlich davon, wenn keine echten Klausner im Land sind, wenn man sie austrieb und für nutzlos erklärte. So kams halt in anderer Form wieder.

Oder meint man, die Eremitage sei etwas Fremdes in unserer christlichen Welt? Fernöstlich, nicht ohne den Vorgang der Jünger Buddhos zu denken? Eine Übernahme jenes östlichen Weltverzichts also? Wie gleichgültig eine solche Ermittlung sein müßte. Als ob man etwas verstanden hätte, bloß weil man herausgebracht hat, daß es irgendwo herkommt. Eremitei, das ist eine Flocke, aus dem allgemeinen Verknäuelten gezupft und von Einem für Alle geduldig ins Reine gesponnen. Für Alle; denn von dem, was aus großer Einsamkeit kommt, leben alsdann die Vielen. Vom Einsamen kommt es, nun erst kann Gemeinsames sein. Er nimmt auf, was für Alle reicht und für lange.

Wagnis aller Gewagtheit, sich so hinauszuhalten ins Nichts, so über den Abgrund, aus dem Verzweiflung aus hundert Raubtierschlitzen heraufstarrt. Alle Tröstungen weg: Glück des Plänemachens und Glück des Gelingens, Glück der Selbstbestätigung; alle Menschenwege gesperrt. Arbeit? Das Wort hatte im Süden ohnehin nie den gottesdienstlichen, hat also auch jetzt nicht den abgottesdienstlichen Klang, nicht dieses verdächtige Pathos, dem man nachgerad abgemerkt hat, wozu es aufruft. Erinnerungen, mit denen man lebte? Der Einsiedler hat alles vergessen. Ideen, Gedankengebäude? Liebgewordene Bücher, Gedichte? Alles als halbe Lösung verschmäht. Völlige Leere, eine gelassene Leere, im Vergleich zu welcher alles andere nur ein bißen Ausgießen und wieder Dazugießen wäre, wodurch sich denn alles im Kruge verdünnt und vertrübt.

Diese Verächter der mittleren Wege! Da ist nur Verzweiflung oder Erfüllung. Wenn Gott nicht in jedem Augenblick zugreift, ist in jedem Augenblick alles verloren. Eremit sein, das heißt, nichts sein als eine hölzerne Schale, wie sie die Bettelmönche im Osten mitführen, nichts sein als so eine einzige Schale, so eine hohle Bettlerhand, so eine einzige geöffnete Öffnung. Da muß sich doch Fülle erbarmen.

DIE WERKE DES WEIBLICHEN

Unter den sogenannten Agrapha, das heißt Jesu-Worten, die außer der Schrift überliefert sind, also zum Beispiel bei Kirchenvätern, die sie zitieren, ist das aufregendste jenes, das aus dem fast ganz verschollenen Ägypter-Evangelium stammt: »Ich bin gekommen, die Werke des Weiblichen aufzulösen, ἦλθον καταλῦσαι τὰ ἔργα τῆς θηλείας.« Die Werke des Weiblichen. Das ist das Matriarchale, das Muttergöttliche, das die Welt zum Zuhause, zur Heimat macht und zum immergebärenden Schoße. Das ist das Warme, dessen Seligkeit ist, Leben zu schenken und es auf die Beine zu stellen, das ist die Nacht und das Bett und das Haus und der Herd, die Gluckenwärme, das: *Hauptsache, wir sind beisammen.* Ewige Wiederkehr. Im Grunde stört alles, was dieses Kreisen durchbricht. Letzte Dinge? Noch weit weg. Ein Aufbruch? Bloß das nicht. Der Sinn dieses Lebens? Daß es halt weitergeht, dieses Leben.

Unmöglich, auf dem Athos nicht an dies Flammenwort Christi zu denken. Hier ist die Furche, in welche das Samenkorn dieses Worts fiel. Hier ist das gut Land, auf welches Etliches traf und brachte sechzigfältige Frucht; hier ist es gehört, dieses ohrenzuwidre, hier wird es getragen, dieses unerträgliche Wort, das sich den von ihm Getroffenen seltsamerweise als milde erweist. Als eine Bürde, die sanft ist.

Ach, wie gerne möchten sies allgemein leugnen, daß die Ankunft Christi die Aufhebung des Muttergöttlichen und also der Ewigen Wiederkehr war. Was hat man sich für eine Mühe gegeben, das Donnerwort wegzutuschen und den Ausruf der Endzeit wieder rückgängig zu machen. Aber da sind alle Künste vergebens. Die Welt hat damals aufgehört, ein Zuhause zu sein, sie wars ohnehin nie recht, was wir auch vom griechischen Altertum vor uns hinträumen mögen, bloß weil wirs nun einmal gerne so möchten.

Das Wort soll nicht von ihm sein? Und warum etwa? Vielleicht weil andere, unbezweifelbar seinige Worte weniger fürchterlich wären? Oder weil wir ja doch nicht so leben könnten? Weil so ein Wort ja doch nicht erfüllbar wäre für uns? Sind andere, bloß weil sie uns schon in die Kinderohren geschlüpft und dort lang eingewohnt sind, denn erfüllbar? Reden andere Worte mehr zu, diese Welt, dieses Leben, dieses Blut für ein Zuhause zu halten? Oder weil es nur die Frauen beträfe? Wie flach gehört, da mit den » Werken des Weiblichen« natürlich doch etwas gemeint ist, dem die Männer genau so anhangen.

Ist es nicht, jenes Wort zwischen unerfüllbar und fordernd, ähnlich einem anderen versprengten Wort Jesu, dessen Echtheit in Zweifel zu ziehen kein Grund ist und von dessen Sonnenhauch der heilige Berg ganz überweht scheint; es steht in der Ruinenstadt Fatepur südlich von Delhi über dem Tor der Moschee, die der große und weise Kaiser Akbar, der »Schatte Gottes auf Erden«, für einen Siegeseinzug erbaut hat. Es lautet: »Jesus, über

dem Friede sei, hat gesagt: Die Welt ist eine Brücke.
Geh hinüber, aber bau nicht deine Wohnung darauf.«

SAN CASSIAN

Als ich das erste Mal vom heiligen Berge zurück-
kam, blieb ich unterwegs in Südtirol ein paar Tage.
Ich wohnte in einem Hochtal bei einer Familie, wie
sie dort eben sind: adelige Bauern. Die siebzehn-
jährige Tochter trug auf und unterhielt mich während des Essens; sie strahlte die reine Sicherheit
aus, die dort zu Land nicht ausnahmsweise glückliche Gabe, vielmehr das Allgemeine und Übliche
ist. Sie war erwachsen und doch wie ein Kind ganz
geborgen, einig mit Gott und der Welt. Am späten
Abend setzte sich für gewöhnlich die Mutter zu
mir, damit ich nicht so allein sei, was sie wohl für
etwas Schreckliches hielt; es war nämlich November, und ich war der einzige Gast in dem bäuerlich
hochmodernen, aus Beton, Glas und Lärchenholz
errichteten Haus; übrigens waren es lichteste Vor-
wintertage, nachts acht Grad unter Null, tagsüber
heiß in der Sonne, und ich genoß einen Ruhm als
Erfinder der Novembersaison.
Der ausgezeichneten Frau mußte ich viel vom heiligen Berge erzählen. Sie hatte schon manches darüber gehört und gelesen, auch vom Ausschluß des
Weiblichen, der für die ganze Halbinsel gilt, und
ich hätte mich gar nicht gewundert, wenn sie, eine
so tief in Familie und Heimat ruhende, offensicht-

269

lich den »Werken des Weiblichen« verbundene Frau, ihre Abneigung gegen so viel Unnatur kundgetan hätte. Das aber tat sie nun nicht. Vielmehr, strickend blickte sie auf und sagte: »Die tun viel, damit wohl alles ins Gleiche kommt«, und bewies so, daß sie wußte, es könne mancherlei Glück und manches Zuhause auf dieser Welt gar nicht sein, wenn Welt nicht diese glitzernden Drusen von Eremiteien einschlösse.

Tags zuvor hatte sie mir unbefangen erzählt, wie sie vor kurzem ihren vierzehnjährigen Sohn, den Pauli, aufgeklärt habe. Wohl heiße es, der Vater die Buben und die Mutter die Mädchen; bei ihrem Pauli aber habe sie es sich nicht nehmen lassen. Da ins Eck habe sie ihn hinstehen lassen und habe ihm alles gesagt. Schrecklich seis ihm gewesen und soo habe er den Kopf eingezogen, sie machte ihn nach, grad so, als ob schon ein Strafgewitter herniedergehen solle auf ihn. Auch damit bewies sie, wie fest sie im Natürlichen wohnte; sie wußte, was für einen starken Schutz das ergibt.

Mit der Zeit, wenn ich da und dort vom heiligen Berge erzähle, habe ich dann die Erfahrung gemacht, daß es gerade Frauen nicht schwer fiel, jene ferne, so schwer zu verstehende Welt zu verstehn. Merkwürdig, aber je natürlicher, je erfüllter und weiblich geborgner sie lebten, desto mehr wußten sie, daß es gut ist, irgendwo auf der Welt ein Ausgespartes zu wissen, wo das unterbrochen ist: dieses Fort- und Fort- und immer Weitergebären, dieses Immer wieder von vorne Anfangen, Aufziehen, Hoffnung-Setzen und wieder Zurückfallen, dieses Rad der Geburten und immer wieder Geburten. Als wüßten sie, daß es nur dann zu ertragen ist, dieses Kreisen, wenn die Nabe des Rades sein Widersinn ist. Zwar das Rad dreht sich, Rad muß sich in jedem Fall drehen, aber es dreht sich um das, was sein Gegenteil ist. Welch seltsame Wendung. Rad, das sich um sein Ganz-Anderes dreht.

Als wüßten sie, daß es nicht unvereinbar ist mit der Liebe zum Leben, auch mit leidenschaftlicher Liebe, auf das Rauschen des dunklen Stromes zu hören, der irgendwo unter uns zieht und unsere Sehnsucht mit fortwälzt, losgeflochten zu werden vom immer sich weiterdrehenden Rad.

Ich fragte den Velten, ob er sich zutraue, ein halbes oder ein ganzes Jahr oder auch mehrere Jahre hier in der Eremitei zu verbringen. Zu meiner Verwunderung bejahte er ohne Bedenken. Ich drang in ihn, es sich recht auszumalen, aber er blieb wie selbstverständlich dabei. Ich merkte, wie ich auf dem Punkt war, ihn deswegen höher zu schätzen. Vielleicht aber hätte ich mit einem jungen Menschen gar nicht so lange zusammensein mögen, der sich bei dieser Frage anders verhielt. Einsamkeit, da sah er hohe Himmel voraus, Heiterkeiten, Erfüllung, Stille, Versunkenheiten und Klärung. Nicht Leere, nicht Mißmut, nicht Hunger nach diesem und jenem, keine Dämonen des Zweifels. Keine entgangene Welt. Zeit nicht verloren: gewonnen. Gut so. Mindestens die Möglichkeit zu solchem

Sprung müßte sich jeder junge Mensch zutraun, gleichgültig ob es nachher dazu oder nicht dazu kommt. Da zwanzig Jahre ohnehin darin bestehn, daß man sich mit Leichtigkeit zutraut, was man später mit Not und Mühe zum zehnten Teile erfüllt.

XXII

Wenn man von der Großen Lawra den Meerweg
weiter nach der Südseite geht, betritt man fast auf
den Meter den Einsiedlerhang. Der Eintritt ist
ebenso merkbar wie drüben im Westen, wo wir
mit dem Einsiedler Kyrillos ankamen: auf einmal
hochsüdliche Landschaft, felsige Spröde, in der
Tiefe das offene Meer und etwas Unnennbares
über dem allem, ein Niederschlag, der nur in hundert und hundert Jahren hingewohnt werden kann.
Beim Eintritt in die hochbedeutende Zone war ein
Wegkreuz und eine Kapelle, ziemlich steil überm
Meer. An dieser Stelle begegneten wir einem jungen Mönch, der vom Gebirge herabkam und nach
der Lawra zu wollte. Er sah fein und gebildet aus;
wir wechselten einige Worte.

Ich weiß nicht, warum mir bei diesem Menschen
die Geschichte von Barlaam und Josaphat einfiel,
jene Legende, die einmal die Welt entzückt hat,
tausend Jahre lang immer wieder aufs neue erzählt worden ist und jetzt nur noch in den Händen
der Historiker ist, ohne die wir auch nichts von ihr
wüßten. Und doch, das ist ja zu wenig.

Die Geschichte gleicht einem Edelstein, der die
Zauberkraft hat, jedem, der ihn im Licht dreht,
wie zum ersten Male gesehen zu scheinen. Um das
Jahr tausend ist sie nach Umwegen auf den Athos
gekommen. Ein Mönch des Klosters Iwiron fand in
ihr, was ihn aufs tiefste bewegte, so daß er die
Geschichte auf griechisch und christlich erzählte;

dann ist sie in alle Sprachen und Länder des Westens gegangen, hat bald auch erbauliche Form angenommen, was wir besser abziehen, denn das Genre des Erbaulichen altert, während das Gleichnis ja jung bleibt.

Es ist die Geschichte vom Königssohn, der ein Einsiedler wird. Die Geschichte der *Gelassenheit* also.

Dem indischen König Abenner liegt die Weissagung vor, sein künftiger Sohn werde als Eremit in die Einsamkeit gehen. Es kommt so wie beim Oidipus. Alles, was darauf angelegt ist, den Ablauf zu hindern, führt ihn gerade herbei. Der Sohn wird geboren. Der Vater läßt ein Zauberschloß baun, das den Prinzen hüten soll vor der Welt. Darinnen ists herrlich. Altersgenossen aus vornehmen Häusern wachsen mit dem Geborenen auf. Die Absicht ist, dem geliebten Sohn ein Paradies zu bereiten. Das wäre absonderlich, wenn es nicht das Gewöhnliche wäre: jedes Elternpaar hat die Absicht. Es gibt zehntausend Zauberschlösser der Art.

Dem König Abenner, natürlich, ist das besonders gut möglich. Seine Idee ist, dem Sohn nicht nur eine paradiesische Kindheit zu schaffen, vielmehr überhaupt, den jungen Menschen ohne Kenntnis vom Zuschluß des Paradieses, von Armut und Krankheit, von Alter und Tod, Missetat, Bosheit, Krieg und Kummer aufwachsen zu lassen. Denn, so sagt sich der König, nur die Kenntnis des ungeheueren Leids in der Welt könnte den Prinzen zu dem Irrsinn verleiten, der ihm prophezeit ist. Und später wird man ja sehen. Wenn er erst Mann ist, wird er sich hüten, seine Schanzen als Erbe eines Königreichs nicht zu nutzen und als Eremit in die Wüste zu gehn. So etwas tun nur die Jungen.

Ohne Zweifel. Der Königssohn also wächst auf, schön, vornehm, heiter, mit allen Gütern der Erde versorgt. Wohlgeboren, wohlgeraten, wohlerzogen, es ist die wahre Freude mit ihm. Junge Dienerschaft, junge Lehrerschaft, Spiel, Sport, Gesundheit und Lachen. Gärten und Bäder. Ausgezeichnete Lehrer, die zu begeistern verstehn, feine Bildung, Theater, Musik: denn die Organe, mit denen man Lust aus der Welt saugt, bedürfen ja erst der Entwicklung. Der Dumme weiß nicht, was gut ist.

Doch auf einmal genügt dem jungen Menschen das Leben in den Zaubermauern nicht mehr. Mit ihm ist der Gedanke geboren, daß Welt ist, und sie ruft ihn, die Welt, von der ihm geweissagt ist, er werde sie abtun.

So wird der Prinz von Trauer befallen. Nichts zieht ihn, nur noch die Welt und die Ferne. Man muß, will man nicht alles gefährden, ihm etwas Welt gönnen. Man setzt Jagden an. Voraus wird immer eine Abteilung geschickt, die in die Hände klatschen und allerlei Lärm machen muß, um alle Welt zu vertreiben. So ist es befohlen. Denn Welt soll nun einmal nicht sein.

Eines Tags aber auf einer Lichtung im Wald trifft man auf einen alten Leprosen, der in einer Laubhütte wohnt. Der Prinz sagt:

»Was hatte denn der? Der sah ja ekelhaft aus.«

Die Jäger sagen:

»Er ist eben alt. Krank und alt.«

Das sagt dem Prinzen nicht viel. Er fragt weiter:

»Alt? Sehen dann Alle so aus?«

Die Leute müssen zugeben, so ungefähr sehen dann Alle aus: ohne Zähne, ohne Haare, mit Falten. Ohne Glanz in den Augen, ohne Mut, ohne Lust, und eine Krankheit hat Jeder.

Der Junge fragt weiter:

»Von was kommt das?«

Die Knechte sagen, das kommt eben so, und daß der Alte den Aussatz hat, und es bleibt so.

Der Prinz fragt: »Kann man vorauswissen, ob man den Aussatz bekommt?«

Die Jäger, denen nicht wohl bei der Fragerei ist, sind froh, etwas Halbgutes sagen zu können. Nein, durchaus nicht Jeder wird den Aussatz bekommen. Nur Wenige.

»Welche Wenigen?« fragt der Junge. »Wonach geht es? Nach Armut? Oder wenn einer was Schlimmes getan hat?«

Die Jäger sagen: Wens eben trifft. Man weiß es nicht vorher.

»Und wie gehts aus?« fragt der Junge.

Die Jäger lachen: »Mit dem Tod geht es aus.«

So oder ähnlich beginnt die Geschichte. Die Türen des Paradieses, aus dem jeder Geborene für gewöhnlich langsam hinausgedrängt wird, schlagen dem armen Prinzen mit einem Donnerschlage zusammen.

Zu derselben Zeit tritt der alte Barlaam, ein Einsiedler auf. Der Junge erfährt nun, daß Leid der Untergrund dieser Welt sei, in vielen, ihm noch nicht bekannten Gestalten: Krankheit, Reue und Unglück, Übeltat, Abschied, Scheitern, Alter und Tod. Es fragt sich: soll er Welt zu besitzen versuchen oder soll er sagen, laß fahren dahin? Es erscheint ihm leicht und ganz einfach, das Letzte zu tun.

»Enas lathos, enas lathos, ein Fehler«, hatte unterwegs ein Mönch ganz bekümmert gesagt, als er hörte, wir seien nicht in Kavsokalywia gewesen. Und wirklich, es nicht zu sehen, wäre ein Fehler gewesen. Der Weg wurde immer schöner und schöner, der Abend immer entrückter. Der Felsweg, der die Falten des Gebirges auswand, lief hoch überm Meer: immer in der Tiefe das offene Meer und droben die Felswand des Athos. Das Gebirg grünspanfahl, ohne direktes Licht. Ein Kar mit großen Platten schoß wie beim gläsernen Berge im Märchen tausend Meter zum Meere hinab. Windbäusche, die vom Gebirg herabfuhren, preßten das Wasser zu Folien wie zinnene Seerosenblätter. Kolkraben flogen tiefer und knarrten, auch Eichelhähergekrächz.
Hier und dort Einsiedlerklausen, bei jeder ausdrücklich Zypressen. Ein Wasserfaden schoß weiß vom Gebirge herab, geriet in ein Verteilersystem von Baumrinnen, wurde in vier oder fünf Seidenfäden gerissen, fuhr zu unsichtbaren Eremiteien hinab.

Eine Bucht, tiefblau in südlicher Schwermut, drang ein, rostrote Wände. In der einen Wand, die ein paar hundert Meter vom Meere aufstieg, war in eine Delle, die wie von einem legendären Daumennagel eingedrückt war, ein schneeweißer Kubus gesetzt: eine Eremitei und dahinter eine Kapelle. Die Klause des heiligen Nilos.

Man konnte durchaus nicht erkennen, auf welchem Zugang man zu diesem Kubus gelangte; wir bekamen dann aber heraus, der Heilige hatte die Felsenspitze von rückwärts durchbohrt und sich so einen Zugang geschaffen. Da hauste er denn in der Felsenwand, hoch überm tiefblauen Glasfluß: ein Pater seraphicus oder Doctor Marianus in höchster, reinlichster Zelle.

Ich malte mir den Augenblick aus, in welchem Goethe zum ersten Mal eine Möglichkeit darin sah, seinen Faust hier, in der Einsiedlerwüste, zu Ende zu bringen. Ein Leben lang suchend, nicht findend, wie der »Faust« zu einem Ende gebracht werden könne, kamen ihm eines Tages die Stiche des Lasinio in die Hand, tischgroße Blätter, welche die Fresken vom Campo santo in Pisa in Umrissen zeigten. Darunter das Blatt mit dem Einsiedlerleben: großes Gebirg, Felsenwände, schlanke Palmen dazwischen, Ägypten und die Thebais andeutend. Löwen und unten ein Strand. Bergauf in die Felsenklausen verteilt die lesenden, betenden Väter. Wie treu, wie stehenlassend ist er dem Blatte gefolgt. »Waldung sie schwankt heran« und »Löwen sie schleichen stumm« und die Maria Aegyptiaca, alles kommt aus dem Blatt. Auch das »Woge nach Woge spritzt«, das eher auf die Meerfelsen des Athos paßt als auf die dürre Thebais: aber das läuft ja aufs Selbe hinaus.

Da nun, während er dieses Blatt lange ansah, ist ihm vielleicht der Gedanke gekommen, daß dies eine Möglichkeit war. Daß er, der sein Leben lang niemals nicht Dichtung mit Leben bezahlte, den Faust allerletzt dorthinführen müsse, wo alles sein Gegenteil war. Es müsse, so schien ihm, das Leben des Faustus, der all seine Hoffnung auf tätige Wirksamkeit setzte, dort enden, wo Tätigkeit nichts galt. Dessen erstes Wort war, daß am Anfang die Tat sei, dessen letztes Wort war durchaus nicht die Tat. Der, um zu forschen, sogar mit dem Teufel, dem Nichts einen Bund schloß, mußte an seinem Ende, zu seinem Heile hierher gelangen, wo *Wissenschaft* war: Wissenschaft, in der nichts erforscht, nichts entdeckt, nichts begriffen, nicht Alles, sondern immer nur Eines gewußt werden wollte. Daß für den, der immer nur gewollt und gewollt hatte, Rettung erwuchs: hier, *wo nicht gewollt wurde.* Daß nur so Rettung für Faust war.

Ich weiß nicht, wie es zuging und wie wir in diesen Abendstunden auf dem Weiterweg in eine Verzauberung gerieten, die mir jetzt deutlicher ist als das, was ich sah. Es war eben ein Bergweg, und er führte in Schlingen langsam zu diesem Einsiedlerdorfe hinab, durchs Dunkle von Steineichen, dann wieder durchs Hellere letzten Silberlichtes vom Meer; das Dorf über den Hang weit auseinandergezogen. Es war etwas Versunkenes in dieser Siedlung, eine tiefe Beruhigung, wie sie dalag in einem aus Abendlicht gewonnenen, nicht mehr recht bestimmbaren Glanz, als ob sie auf Meeresgrund läge, und es war auch dasselbe versunkene Grün.

Wir kamen an der Stützmauer eines Hauses vorbei, sie war von Gesträuch wie von Kraushaar berankt, rote Perlen, und die Mauer strahlte wie ein Ofen die Sonnenwärme zurück, mit der sie sich Tags über vollgefüllt hatte.

Es gibt eben Orte, an denen es immer Sonntag ist, und andere, die das Ewig-Werktägliche haben und am Sonntag nur eine Verlegenheit sind. Der Schlängelweg auf dieses Dorf hinunter hatte das Sonntägliche, und dabei war es ein tätiges Dorf, denn Kavsokalywia ist das alte Maler- und Bildschnitzerdorf des heiligen Bergs, man sah es auch an dem Wohlgeratenen der Häuser, der Weinlauben, der Balkone unter Zypressen und der Kirche auf einer zementierten Terrasse.

Es gibt nicht Vieles auf dieser Welt, worin Aufschwung so ist wie im Weg und besonders im Bergweg. Eine so klare, gesunde Berauschung. Gewiß, es kann sein, daß ein Wegstück, das Aufschwung gewährt hat, beim zweiten Mal jede Entzückung versagt. Das muß man wissen, wenn man Wege zum zweiten Mal geht und auch wenn man empfohlene nachgeht; es ist sinnlos, auf Geschenke wie auf pünktliche Renten zu warten. Doch das sind

Selbstverständlichkeiten und man dürfte nicht wagen, dergleichen niederzuschreiben, wenn diese Zeit
nicht auf dem Punkt wäre, sich eine so erprobte
Glücksquelle wie das Weg-Glück vergraben zu lassen. Für nichts, für einen sterilen Ersatz.

XXIII

Zwei oder drei Tage später. Ein Bergsattel wurde dadurch gebildet, daß eine Linie vom Athosgipfel herabschwang und sich auf der anderen Seite noch einmal zu einem vorgeschobenen Gipfel, dem Berge Karmel erhob, bevor sie steil abfiel zum Meer. Über den Sattel traten wir in die Flur von Kerasia ein. Dieser Einsiedlerweiler, das südlichste, höchste und ausgesetzteste Gottesnest des heiligen Bergs, liegt bei tausend Metern hoch in Felsen über dem Meer.

Kerasia, was Kirschbäume heißt, besteht nur aus wenigen Häusern. Ich hatte von dieser Eremitage in den alten Reiseaufzeichnungen, und nur in ihnen gelesen; wiederum war es der junge Grisebach, der Botaniker der dreißiger Jahre im vorigen Jahrhundert, der sie besucht und treu beobachtet hatte, so daß ich eine gewisse Vorstellung hatte. Dennoch waren wir in dem Augenblick, in welchem wir auf der Höhe des Sattels anlangten und die Flur überblickten, überrascht und entzückt. Eine südliche Alpenflur lag vor uns und unter uns da, dunkelblaugrün, und so, wie wenn zwei ungleiche Personen, eine große und eine kleine, eine Decke aufhalten: so hing sie im Absturz des Athosgebirges, in sich ein Bausch, eine Mulde, und im ganzen gegen den Südhang gesenkt. An der mittelsten Stelle, also dort, wo ein Apfel in der Decke hingerollt wäre, saubere Häuschen, deren Mittelpunkt ein Kloster mit blasigem Kuppelturm war. Die Kuppel von einem grünspanenen Grün, und auch das Ganze war grün, kühlgrün und bläulich, wieder so, wie wenn es auf dem Meeresgrund liege und man erblicke es übern Bootrand; auch so verzaubert. Rings herum Macchia, Weinberge und Gärten und Bäume; alles im Abendlicht. Tiefer Goldfrieden.

Es war einer der Wandermomente, von denen man später nicht mehr begreift, wie man sie nicht noch genauer, noch länger auskosten konnte. Dann fügt sich gewöhnlich alles zusammen. Jetzt, während wir dieses Herzstück des heiligen Bergs überblickten und das Glockengeläut von einem Maultier heraufdrang, das irgendwo Holz vom Berg herabtrug, schwang ein Adler, lang, lang, ohne ein einziges Mal die Schwingen zu rühren, da er den Aufwind vom Meere her nutzte. Er zwang uns, ihn so lang zu verfolgen, wie er es ohne Flügelschlag aushielt, das war eine ziemliche Weile. Da zog auch ein Kolkrabenpaar auf, Deltaschwanz und das über Kilometer hin hörbare Grk-grk: Vögel, die einer Landschaft immer das Mantische geben. Wir kamen später noch zweimal an diese Stelle, aber keinmal war Adler und Kolkrabe da. Nur beim letzten Mal, als wir im Begriff waren, vom heiligen Berg Abschied zu nehmen, es dämmerte schon, fielen aufgelöst Schwalben ein, Zugschwalben; offenbar waren sie der Landbrücke des Athosfingers bis an sein südlichstes Ende gefolgt, nun war Rast, am nächsten Tag ging es weiter über Sporaden und Kykladen nach Süden.

Wir gingen vom Sattel die Viertelstunde hinab in

der Hoffnung, dort eine Übernachtung zu finden.
Fürs erste war nur der Gärtner des kleinen, wie
biedermeierlichen Klosters zu sehen; er hatte sich
einen Turban gebunden, ich sah ihn auch später nie
anders und sofort fiel mir die Ähnlichkeit seiner
Erscheinung mit einem gewissen Bildnis von Wink-
kelmann auf. Übrigens schien er nicht nüchtern.
Er öffnete uns die Haustür des Klosters, wir gerieten auf einen Gang, den wir ausgingen, bis wir
über Treppen und Türen in die kleine Klosterkirche gelangten. Es war offensichtlich keine griechische Kirche, viel Gold und nicht im besten Geschmack, Gestühl und Fahnen im Stil der vergangenen neunziger Jahre: ein kleines russisches
Kloster. Wir nahmen im Chorgestühl Platz. Es war
Gottesdienst, Abendandacht, Hesperino, aber um
ihn zu üben, war nur ein einziger Mönch da. Er las
russisch, mit Flüsterstimme, die den Raum scharf
und raschelnd durchsägte, wie Laub von Buchen
im Winter. Wir standen lang in den Stühlen, endlich wandte der Priester sich um, wohl in dem Gefühl, daß noch jemand im Raum sei, suchte uns
weiterflüsternd, über einen uraltmodischen Zwicker
hinweg, schien uns auch zu gewahren, obwohl es
nun ganz dämmerig war, denn er ging, nach been-
deter Lesung, direkt auf uns zu und hieß uns in
schlechtem Griechisch willkommen.
Er und noch ein anderer Russe waren die einzigen
Mönche, die noch das Kloster bewohnten. Schon
fünfzig Jahre verharrte er auf diesem äußersten
Posten der großen russischen Kirche, der mittler-

weile ein verlorener war: fünfzig Jahre. Noch als er, ein junger Mann, aus Kiew hierherkam, waren sie ihrer dreißig gewesen, und etwa für dreißig Mönche war auch das kleine Kloster gedacht. Jetzt nur noch zwei. Der andere stand in der Küche, eine vollkommene Tolstoj-Gestalt, um für sie beide und für den Gärtner und ein paar Holzarbeiter aus der Lawra zu kochen.

»Anthropos ine« — mir liegt das noch immer im Ohr. Nämlich ich hatte zu Tolstoj meinen Freund Awakum mit zu großen Worten gerühmt, auch gefragt, ob er ihn kenne und schätze, und es ist mir jetzt, während ich schreibe, noch im Ohr, wie er daraufhin sagte: »Eeh — anthropos ine!« Hob das Kartoffelmesser zur Rechten und die Kartoffel zur Linken und sagte aus weißer Bartschütte mit Schneelippen: »Halt auch nur ein Mensch!«

Wir aßen in der Trapeza, die dreißig leere Stühle aufwies. Es gab Tomaten in Öl und Bohnensuppe und Trauben und Brot und ausgezeichneten Wein; wir schenkten zwei Dosen Nes-Tee dagegen, um die russische Seele zu laben; wir trafens, da Tee in Griechenland ja fast unbekannt ist.

Wir wurden in eine Zelle gebracht, deren Fenster nach Süden ausging, und sahen im Abendlicht, daß Terrassen abfielen, so steil, daß wir nicht mehr als die zweite und dritte zu erkennen vermochten. Das Gelände stürzt an dieser Stelle rapid zum Meere hinab und der Absturz liegt eingeklemmt zwischen zwei Felsen, so daß sich das Meer tief drunten, über tausend Meter, in einem Ausschnitt darbot, der auch im Dunkeln nicht seinen Schildglanz, sein genarbtes, geriffeltes, metallenes Schimmern verlor.

Unsere Zelle besaß an den Längswänden zwei ungepolsterte, unüberzogene Lager, auf die wir die Schlafsäcke legten. In der Mitte das Fenster. Da Südseite war und die Zelle noch in der vollen Tageshitze befangen, ließen wir außer dem Fenster auch die Tür nach dem Klostergang offen und schliefen, von Hitze und Schauen ermüdet, gleich ein.

Ich hatte das Gefühl, drei oder vier Stunden geschlafen zu haben, als mein Schlafboot ins Seichte geriet. Bei halbem Bewußtsein hörte ich sprechen, von irgendwoher aus dem Dunkeln, oder vielmehr flüstern, und immer dasselbe, in immer wiederkehrendem Takt. Nur eine einzelne Stimme und immer derselbe, einzige Satz. Ich weiß nicht mehr, zu welchem Zeitpunkt meines Halbschlafs ich einsah, daß es ein immer wiederkehrendes Stoßgebet war. Ich weiß nur, daß mich, zwischen Dämmern und Wachsein, die Monotonie dieses Betens ohne Dämme durchdrang, flutender, unaufgehaltener, als es dann war, als ich mich zum Wachen ermannte. Es war, um es noch einmal zu sagen, so, daß ich dem rhythmischen Andrang, den Wellen dieses Geflüsters ganz ausgesetzt war, so als gäbe es einen Einzug ohne Umweg ins Blut.

Zu mir kommend, sagte ich mir, daß ich denn also zum ersten Mal das hesychastische Beten vernehme: die immerwährende Wiederholung des sogenannten Kleinen Jesusgebets, wie es Einsiedler pflegen. Hier wurde es offenbar russisch gesprochen, denn obwohl ich mich mühte, über die bloßen Laute hinaus Worte und Sinn zu verstehen, konnte ich nichts unterscheiden.

Natürlich hatte ich Manches über diese tausendjährige Übung gehört, wußte auch, daß es eine zwar allgemein griechische, aber doch im Besonderen athonitische Gebetsübung war; auch hatte Joannis in seiner Höhle mich darüber belehrt, es gebe noch Hesychasten, sicher, wie in längstvergangener Zeit, wenngleich er im Weiteren einsilbig wurde. Immerhin hatte er mir, ohne daß ich darum gebeten hätte, den Wortlaut dieses Gebets aufgeschrieben und mir den Zettel in die Tasche gestopft; es lautet einfach »Kyrie Jesu Christe, yie tu Theu, eleison me. Herr Jesu Christe, Sohn Gottes, erbarm dich meiner.« Also das Zöllnergebet. Er hatte uns auch von den selbstgeflochtenen Schnüren, den dortigen Rosenkränzen, geschenkt, deren Knoten Daumen und Zeigefinger beim Beten abwandern. Auch hatte ich die berühmte Erzählung des russischen Pilgers gelesen, die in den letzten Jahren ein paar Male in deutscher Übersetzung erschien, und erst vor ein paar Tagen hatte ich eine griechische Übersetzung davon im Kloster Dionysiu gefunden. Dazu fiel mir später noch ein, daß Heinrich und Roderich gleich zu Anfang der Reise, in Jerissos die Nacht das Zimmer mit einem Mönch geteilt hatten und am andern Morgen erzählten, der Mönch habe die ganze Nacht ununterbrochen gebetet: doch sicher das Kleine Jesusgebet. Und von Luvaris hatten wir in der Folge gehört, daß es die vollkommene Stufe solcher Mystiker sei, das Stoßgebet immerwährend zu sprechen, unter Tags, auch während der Arbeit, auf dem Weg, ja, auch im Halbschlaf der Nacht, wie Herzschlag und Atem und geradezu verbunden damit: zweite Natur, jeder Atemzug ein hervorgestoßenes Gebet. Es hatte mir ferner, als einem Lutheraner, den größten Eindruck gemacht, zu lesen, daß Luther von einem solchen immerwährenden Beten als von etwas Erprobtem, Gottgefälligem und hoch zu Preisendem spricht, da ich doch hätte annehmen wollen, Luther sei einer so östlichen, einer so tief dem Magischen zuneigenden Übung eher abhold gewesen.

Das alles also hatte ich im Laufe der Zeit zur Kenntnis genommen, wie das in diesem Jahrhundert der Kenntnisnahme, der Wissenschaft eben so ist: man weiß und weiß nicht. Jetzt, in dieser von Schlaf überwachsenen Stunde, schoß es mir, wenn auch von Erfahrung nicht die Rede sein kann, doch zum Angeschauten zusammen. Wenigstens das. Es ergab sich die Anschauung vom ruhevoll Pflanzenhaften eines solchen Gebets, und daß es so eingewohnt, so ins Blut eingeronnen sein kann wie Schlafatem und Pulsschlag, so zurückgenommen in die Natur, wie es das Tropfen eines Wasserhahns oder der Nachtruf der Tau-Schnarre ist.

Wir blieben weit länger in dem kleinen Hagios

Giorgios-Kloster, als wir vorgehabt hatten. Hatten wir im Abendprangen die Lage des grünen Gebietes erkannt und im Dunkeln den Absturz zum Meere hinunter, so sahen wir am Morgen die südlichen Gartenterrassen, in der alpinen Rauheit ein wohnlicher Zug. Es war keinerlei Mangel an Wasser hier oben. Hier sammelte sich wie in einer Wanne, was vom Athos herabkam, und wenn das am Ende von sieben regenlosen Monaten auch nicht viel war, so doch genug, um sieben Terrassen zu wässern. Man hatte ein großes Becken gemauert, das über Nacht vollief; gegen Abend wurde der Vorrat verteilt in der uralten Weise: die Beete sind nicht, wie es bei uns ist, erhöht, sondern vertieft mit höherliegenden Wällen. Es lag im Belieben des Gärtners, Wasser so lange auf eine Terrasse und auf das und das Beet laufen zu lassen, bis es genug war: er schloß und öffnete mit der Bügelhacke die dazwischenliegenden Dämme. Winckelmann tat das, von Maron gemalt, und wenn sich auch wiederum feststellen ließ, daß er bei der Befeuchtung des Gartens nicht die eigene vergaß, so war doch anzuerkennen, daß er von Sonnenaufgang bis Sonnenuntergang werkte. Soeben pflanzte er Wachsbohnen, jetzt, im September, und schon im Oktober wollte er ernten. Die Auberginen hingen als stierige Beutel am Stock und der Pfeffer leuchtete knallrot. Die Tomaten wurden zwei Meter hoch und waren zu einem völligen Buschwald verwachsen; ich wollte Winckelmann lehren, wie man sie ausgeizen müsse, aber er wollte sich totlachen und meinte, es seien ohnehin Tomaten genug, genug Tomaten, oder nicht genug etwa? Beim Lachen stieß er derartig Weinatem aus, daß ich davon absah, Weiteres über Tomatenpflege zu sprechen.

Noch besser wurde es, als wir uns in die unteren Terrassen verloren. Einen Trockenboden voll Mandeln hatten wir schon beim Eintritt ins Kloster gesehen, jetzt fanden wir Feigenbäume voll der schönsten smyrnischen Feigen, von denen man nur ein paar essen kann, denn sie sättigen sehr. Da Velten frische Feigen nicht schätzte, war er weiter nach unten gegangen, wo er einen Walnußbaum entdeckte. Man hatte ihn im Jahr vorher wohl nur flüchtig geerntet, die vorjährigen Nüsse lagen am Boden, schön nachgereift und die Schalen mürbe geworden. Velten aß alle. Man sah in der Ferne drunten das Ringelhemd tauchen und hin und her und versonnenes Klopfen. Das dauerte, bis der Priester uns rief; ein Zwetschgenbaum wurde oben geerntet und tausend große, pastellblau überlaufene Hauszwetschgen lagen im Gras.

Es besaß alles, so hoch im Gebirg, einen starken Schuß Heimat, und wenn, wie ich glaube, das Alpenland das einzige ist, was sich mit der griechischen Landschaft vergleichen läßt an Heimatkraft und kernhaft innewohnender Fülle, so muß das Südlich-Alpine, wie es hier war und schon in Südtirol ist, das Allerbeste auf der ganzen Welt sein.

Ich sehe es jetzt erst, die Einsiedler-Alm von
Kerasia ist mir zum liebsten Platz unter so vielen
geliebten Plätzen auf dem heiligen Berge geworden. Es war mir sehr recht, später vom Pater
Andreas zu hören, daß er dort oben zwanzig Jahre
lang Einsiedler war.

Wir hatten den Pater Andreas damals bei der
Eröffnung der Schule kennen gelernt. Es war nach
der Feier; mehrere Äbte und Mönche und wir
Gäste standen zusammen in einem Vorraum und
sprachen. Der Gouverneur hatte seine Ansprache
mit einem dreimaligen Aufruf zur Askesis, Askesis,
Askesis! an die bestürzten Schüler geschlossen und
wir knüpften die Frage daran, ob man vielleicht
in den verschiedenen Sprachen und Ländern etwas
Verschiedenes bei dem Wort *Askesis* höre. Da trat,
während wir sprachen, aus dem Hintergrund ein
kleiner und leiser Mönch vor und bemerkte: was
Askesis sei, möge an den Vers zwölf von Johannes
sechzehn angeknüpft werden, wo Christos spreche:
»Noch vieles hätte ich euch zu sagen, aber ihr
könnt es noch nicht ertragen«, woraus hervorgehe,
was man ohnehin wisse, daß es den Jüngern an
Kraft gefehlt habe, die Gewalt des Worts auszu-
halten. Also, das Ziel aller Askesis sei, das Ohr
freier und das Herz stiller zu machen, um das Wort
recht zu hören. Etwas andres sei Askesis nicht.

Danach trat der kleine Pater wieder zurück. Er
hatte leise, mit kleinem Finger und kleinen Hän-

den gesprochen, aber er hatte im Nu aller Sympathien errafft, und besonders die unseren, so wie sich immer Sympathien erwirbt, wer dem Hörer einen letzten Schritt übrigläßt, ihm so etwas von der Freude über eine Entdeckung zudenkend, die er ihm eigentlich mitgeteilt hat.

Wir hatten, wenn wir von Andreas sprachen, den Übernamen Melanchthon für ihn, weil er ein bißchen so aussah: sanft und gelehrt, rote Augenränder und das Lächeln, welches Härte nach innen und Milde nach außen anzeigt. Wir fragten den Gouverneur bei Gelegenheit und erfuhren, daß er keineswegs wie Melanchthon gelehrt war, vielmehr ein einfacher Mann, auch kein Priester. Er sei an die zwanzig Jahre Einsiedler an der Südküste gewesen und jetzt Sekretär im heiligen Rat. Der Gouverneur schloß seine Auskunft mit dem Zusatz: »Gewiß doch, *ein guter Mönch*«, und das hatten wir schon heraußen, daß das eine Formel war, eine gelöschte Ehrung, ein Un-Orden, hinter dem sich Manches verbarg.

Ein guter Mönch also. Erst in den letzten Tagen sprachen wir länger mit ihm. Pater Andreas war im Jahr 32 auf die Halbinsel gekommen, keineswegs in der Absicht, dort für immer zu bleiben; er wollte nur seinen Bruder besuchen, »nach dem Fleisch Bruder«, wie er jedesmal der Genauigkeit halber zufügte. Der Bruder war Mönch und hauste in Kerasia in einem Kellion. Dieses Kellion, ein kleines Gehöft im Gebirg, wurde von einem Alten, einem Gerontas als geistlichem Vater bewohnt, dazu des Andreas Bruder und noch ein Dritter. Andreas blieb aber, wurde Novize, Einsiedler, und als wenige Jahre darauf der Bruder sich beim Holzfällen verkühlte, eine Lungenentzündung bekam und ohne Arzt starb, war Andreas im spirituellen Bunde der Dritte.

Nachdem ich so oft dergleichen gehört, nahm mich nicht Wunder, daß Andreas jene Einsiedlerjahre über alle Maßen glückliche nannte: leer von der Welt, abgeschieden, gelassen und erfüllt von dem, was man, wie er sagte, nicht aus sich selbst haben kann. Um so merkwürdiger war, daß er nun nicht mehr dort wohnte; ich erlaubte mir die Frage danach, ob er lieber hier oder da oben lebe und er erwiderte wehmütig: »Hundertmal Kerasia«; ich sah, daß ich eine Wunde berührte. Die Sache war die: er hatte nicht freiwillig das Paradies von Kerasia verlassen; vielmehr der Gerontas war heruntergezogen, und dann war es irgendwie so gekommen, daß Andreas im heiligen Rat tätig war, wo ich ihn an der Schreibmaschine antraf.

Um das zu verstehen, muß man wissen, wie eng die Bindung des geistlichen Vaters an seinen Jünger und des geistlichen Sohns an den Vater ist. Es ist dies mit wenigen Worten zu sagen, aber Worten, in denen sich Ungeheuerliches verbirgt. Es scheint, daß bei der Wahl eines geistlichen Vaters alles der Fügung eingeräumt wird: es ist ein Aufeinanderzugehen, wie wir es nur im Liebesbereich gelten lassen. Der Schüler klopft an, der Lehrer empfängt ihn, als sei er in höherem Auftrag gesandt. Wenn die Auf-

nahme einmal erfolgt ist, so scheint es, daß Unauf-
löslichkeit herrscht. Es gibt keine größere Aufgabe
für den geistlichen Vater, es gibt für ihn keine größere Sorge als das Seelenheil seiner Jünger; der Alte
lebt nur für sie. Und, wie ich nun von Andreas erfuhr: der Jünger ist ebenso an den geistlichen Vater
gebunden. Die Bande des Bluts werden gelassen
durchschnitten, aber die geistlichen Bande haben das
Sakramentale. Sie sind unauflöslich.
Diese Sache, die man sich in ihrer Härte und
Größe hinstellen muß, rührt an die Verleugnung,
die wir uns im Westen seit einem Jahrtausend im
Hinblick auf die griechische Kirche auferlegt haben.
Es ist so, daß wir diese Vaterschaft-Jüngerschaft
als Stareztum, als Einrichtung der russischen Kirche
zwar wohl kennen, nicht aber verwirklichen, daß
es reines Griechentum ist. Daß wir vom russischen
Starez zwar mit Bewunderung hören, aber wir kennen noch nicht einmal den griechischen Namen
Gerontas dafür. Und dabei schlügen sich in dem
Augenblick, in dem wir das wahrhaben wollten,
sogleich die Fäden zur Antike hinüber, die wir,
abgeschnitten, in der andern Hand halten. Denn es
ist platonisch, sokratisch, es ist doch reinste Antike:
nur eben, daß es außerdem noch Gegenwart ist.
Was wir als Gewesenes, Nichtwiederholbares aufs
höchste bewundern: wo es Gegenwart ist, eine Le-
bensmacht, da tun wir, als sähen wirs nicht. Lieber
trotzig auf dem Musealen einer hingeträumten Hei-
den-Antike verharren, eine Liebschaft, aus der
nichts als Doppelleben entspringt.

XXIV

GIPFELANSTIEG

Nachmittagssonne lag wie Geschmolzenes auf dem Meer, als wir zum Gipfel aufbrachen. Leicht könnte man den Aufstieg zum Athos in einem Zug machen, da der Berg nicht die geringste Schwierigkeit hat, indessen, wir ließen uns Zeit, wollten auch diesen Abend nur bis zur Panagia gelangen, einer Kapelle fünfhundert Meter unter dem Gipfel, wo wir zur Nacht bleiben konnten, um am nächsten Morgen auf dem Gipfel zu sein.

Wir hatten etwa die Tausendmeter-Linie erreicht, als wir, im Anstieg, einen Hohlweg durchschritten. Der Einschnitt war so, daß zu beiden Seiten das Flache in Höhe der Oberarme verlief. Während ich ging, kam von irgendwoher ein Geräusch; ich dachte, daß auf dem Meer drunten ein Schiff Dampf ablasse, obwohl dies außer aller Wahrscheinlichkeit war, und warf einen kurzen, natürlich vergeblichen Blick übers Wasser. Der Eichelhäher, dachte ich dann; das Geräusch ließ sich allenfalls mit dem fernen Rätschen eines Eichelhähers verwechseln, das all diese Tage oft und weitherüber erklang. Ich ging weiter, hinter mir der Student, dahinter ein Holzhändler, der zu einem Schlagplatz aufstieg. Nach ein paar Metern blieb ich stehen, aus einem Grund, der mir nicht weiter erinnerlich ist, sah mich um und erkannte die Herkunft jenes Geräuschs: es war gar nicht von fern, vielmehr ganz aus der Nähe gekommen und auf der rechten oberen Seite des Hohlwegs, während des Durchgangs also nur eine Handbreit von unseren Oberarmen entfernt, lag eine Schlange, immer noch wütend, aufgereckt, und das Geräusch war ihr Zischen gewesen. Jetzt war sie still, aber züngelte heftig, man sah die Flackerfäden der Zunge. Das Tier war dreiviertel Meter lang und recht dick. Ein kaffeebraunes Rautenmuster lief den ganzen Rücken entlang, auf der Nase trug sie ein Horn. Die Hornviper also, die Sandotter, dieselbe, die in Walt Disneys Film »Die Wüste lebt« den besessenen Liebestanz tanzt. Sie ist an den Mittelmeer-Rändern nicht selten, vielmehr die häufigste und übrigens gefährlichste Schlange und liebt die felsige Höhe.

Der Händler war dafür, sie zu töten, doch versprach ich mir nichts von diesem Eingriff in die Natur. Wir sahen ihr zu, wie sie noch eine Weile in Angriffstellung verharrte, sich dann langsam beruhigte, den Kopf niederlegte und sich so scharf wandte, daß Kopf und Vorderteil in der Gegenrichtung den Leib entlang streiften und, nachdem sie auf diese Weise abgeschnürt hatte, im Unübersichtlichen ihres Revieres verschwand.

Die Hitze ließ nach, während wir durch den Abend aufstiegen. Grüner Bergfrieden. Die liebe Küste, das Schweizerdorf Hagia Anni, die Bergfalten von Dionysiu und Grigoriu funkelten wieder im Moosgrün, das vom Gegenschein der untergehenden Sonne goldüberstäubt war, so wie in den Mosaiken von Thessaloniki das Grüne durch dazwischengesetzte Goldsteinchen gehöht war. Bei Sonnenuntergang begannen die Eichelhäher zu kreischen, als sei ihre letzte Stunde gekommen; Chöre der Panik; der Anbruch der Nacht wirkt verstörend auf sie. Ich kann es nachfühlen: Sonnenuntergang und Anbruch der Nacht außer Haus ist ein kleiner Tod, eine ängstliche Schwelle. Ist sie überschritten und die Nacht aufgezogen, gehts wieder. Dann ist etwas anderes da.

Wir kamen durch Kastanienwald, der düster und dicht war. Im Dämmerlicht sahen wir blaue Krokus-Becher aus dürrem Boden aufbrechen. Dann niederes Macchia-Gebüsch, mit einzelnen überragenden Fichten. Als es Nacht war und die Sterne aufschienen, waren die Grillen zur Stelle und ließen ihr Jo-jo, ihre silbernen Scheiben, an beperlten Spinnfäden abrollen: Silbergeklingel, Schlafatem, ein liebliches, silbernes Schnarchen. Zeit rinnt.

Zeit, Zeit, da ist sie wieder. Wer einmal über sie nachgedacht hat, versteht nicht, wie man *nicht* über sie nachdenken kann. Das Ende der Zeit: die mit uns essende Frage. Da wir unablässig auf Enden zueilen, auf das Ende eines Tages, einer Stunde, auf einer Arbeit herbeigewünschtes, auf eines Glückes herbeigefürchtetes Ende: Zeit ist in jedem Fall Endzeit. Zeit ist schon Ende. Sog, dem kein Sandkorn entrinnt.

Über die Zeit nachdenken kann man nur als Christ,

ob man es weiß oder nicht; als Christ oder gar nicht. Man ist Christ, ob man es weiß oder nicht, wenn einem Zeit fragwürdig und, einmal eingefangen, das Fragwürdigste vom Fragwürdigen wird. Wenn »Zeit« der modernen Physik dasselbe wie »Raum« ist: wie nah rückt dann die augustinische Einsicht herbei, daß Raum, Zeit und das darin befangene Ich nur verschiedene Begriffe für ein und dasselbe sind: für eine Trennung von der Kraft und der Herrlichkeit und der Fülle. Ohne zu wissen, wir seien auf dem Millionenstäubchen einer platzenden Granate zuhaus, wie Einstein nun lehrte, also ohne den zweifelhaften Aufwand der modernen Physik, haben alte Zeiten die Wendung gefunden: Ruhen in Gott: Meerstille, glanzvolle Stille. Eherner Himmel darüber. Nun, da sich das Zeitliche auch physikalisch als die Unruhe aller Unruhen erweist, kommt die Wissenschaft darauf zurück. Viel Neues wars also eigentlich nicht, was sie in vierhundertjähriger Anstrengung sich vorzutragen anschickte. Auch wurde es früher schöner gesagt.

Es muß neun oder zehn Uhr gewesen sein, als wir, der kleine Theologe und ich, die Panagia erreichten. Zuletzt, im Sternenlicht, verloren wir zweimal den Weg. Die Panagia erwies sich als eine größere Hütte, die Tür war mit einem vorgewälzten Steine verschlossen. Das Innere bestand aus zwei Räumen, an welche eine kahle Muttergottes-Kapelle angebaut war. Es gab Tische und Bänke und seitliche Brettergestelle, auf denen wohl vierzig Mann hätten schlafen können; wir rollten unsere Schlafsäcke irgendwohin. Das Ganze war eine Pilgerstation für den sechsten August, das Fest der Metamorfosis, der Verklärung, an dem aus den Klöstern ein Zug zum Gipfel anhebt, großes athonitisches Schwärmen.

Fürs erste machten wir Licht und untersuchten, ob Wasser da sei. In der Ecke beim Eingang stand der gewachsene Fels an, ein Eisendeckel war über eine Brunnenmündung geschoben: die Seele der ganzen Station, die Zisterne. Es war die Frage, ob sie Wasser enthielt. Wir hatten es verschieden gehört; ein paarmal hatte man uns gesagt, wir sollten uns vorsehn, es gebe oberhalb Kerasia kein Wasser, die Zisternen in Panagia und auf dem Gipfel droben seien nicht mehr in Ordnung. Awakum hatte bessere Nachricht gehabt.

Wir ließen das Schöpfgefäß, eine breite Konservendose mit Drahtbügel, am abgescheuerten Strick in die Tiefe. Das Gefäß schlug hart auf, patschte und schwamm. Wir brachten die Leine ins Schleudern, kreiselten so das Gefäß, es kam aus dem Gleichgewicht, füllte sich und ging unter. Wir zogen an, Wasser floß ab und hallte im Höhlenraum wider.

Hat man ein paarmal aus Zisternen geschöpft, so erwächst der Sinn für den Vorgang und das Wohlgefallen daran; erst immer der Aufschlag des leeren Gefäßes, der im Gewölb schallt, dann das Kreiseln der Leine, das Schwererwerden des Eimers, das Spaß macht, ähnlich der Freude des Anglers, wenn die Angelrute sich biegt, dann die blechernen Töne des überfließenden Wassers, Urlaute. die Zisterne hat soviel Poesie wie die Quelle, mehr; wo Zisternen sind, ist das Wasser ja kostbar. Aus Zisternen schöpft man in Lagen, in denen es schlimm wäre, wenn sie sich als vertrocknet oder als unrein erwiesen. Dann spielt auch das dunkle Ruhn eine Rolle: das Wasser, ohne jede Bewegung, steckt schwarz wie ein Stück Anthrazit in der Fassung. Es scheint, wenn man es aufzieht, schwerer als gewöhnliches Wasser zu sein. Wer schöpft, ist Schatzgräber. In unserem Fall kam noch das Besondere hinzu, daß wir es dem guten Awakum dankten, der den Zulauf des winterlichen Regenwassers wiederhergestellt hatte.

Die Poesie der Zisterne hat Ernst Jünger wiederentdeckt. Aber so ist es ja immer. Immer muß erst der Dichter kommen und sehen; wirklich sind nur die bedichteten Dinge. Ich hatte es in den vergangenen Tagen mehrere Male gedacht. Einst haben die alten Maler, Lukas Moser, Witz, Jan van Eyck dieses weiße Wellengespinst, diesen Tüll überm Wasser gesehen. Sie fanden heraus, daß erst dieses Gitter das Abgrundtiefe der Meeresstille ausmacht. Heute siehts jeder. Und Caspar David Friedrich, der so vieles zum ersten Mal sah, hat die atmosphärischen Fächerstreifen gesehen, die es zuweilen bei Sonnenaufgang und Untergang gibt und die eine so starke Erinnerung an den Schöpfungsmorgen erwecken. Ist so etwas einmal gesehen, dann kann, muß es Jedermann sehen.

Glücklich alsdann die Dichter, deren Namen man über dem, was sie sahen, vergißt. Ihr Ruhm ist vollkommen.

Also, *wirklich* sind nur die bedichteten Dinge. Daß man wirklich nennt, was der Nutzung dient, verlängert ja doch nur die Frage, was es sei, was uns eigentlich nützt. Ja, was nützt uns? Die Meinung Herrn Jedermanns darüber ist trübe, ebenso trüb, wie es der Aberglaube der Wissenschaft ist: wirklich sei, was man messen, beweisen oder dessen Geschichte man aufzeigen kann. Tanz der Gespenster mit uns und untereinander; nichts als ein Strohwisch-Umarmen. Wirklich ist, was überwältigt, nötigt, bedrängt. Nur die Heimsuchung ist wirklich; schlimm, schlimm, daß wir das Wort Heimsuchung auf die Katastrophen einengen. Schlimm, schlimmes Zeichen, daß wir, aber wir sagens ja selber, im Guten nicht heimgesucht werden können, daß nicht auch das große Glück, die große Liebe, die Freiheit und der Ruhm uns bei uns zuhause antreffen. Bloß immer das Unglück, die üble Post, der Schlag und die Angst vor dem allem. Daß wahrer Heimkehrer nur ist, wer aus Niederlage und aus der Gefangenschaft kommt. Niemals der Sieger.

Am andern Morgen übersahen wir erst die Lage der Panagia-Kapelle: eine kleine Ebenheit unterm letzten Gipfelanstieg, zugleich etwa die Baumgrenze; höher nur einzelne Tannen. Hier, an der Kerbe, setzte der kahle Marmorkegel des Bergs an; man sah die Gipfelkapelle schneeweiß und genau im Morgenlicht liegen. Der Berg war von jetzt an so übersichtlich und gleicher Maßen gebaut, daß es auf dasselbe hinauskam, ob man sich an den Weg oder nicht an den Weg hielt; es war so gut wie schlecht querüberberg gehn. Dazu war es luftig; über sechzehnhundert Metern ist es ja nicht mehr heiß, und der Morgenwind stand aus dem Osten. Das Meer in der Tiefe zeigte Schaumkämme; Boote, die auf der Linie Thessaloniki-Kavalla liefen, hatten zu kämpfen und zogen weiße Strudel hinter sich her.

Wir erstiegen die fünfhundert Meter in Kürze. Der Tag lag vor uns, niemand wartete, niemand drängte, wir hatten viel Zeit und gedachten einige Stunden auf der Höhe zu bleiben. Langsam lernt man ja, daß man sich hinterdrein Vorwürfe macht, solche Verweilungen nicht genau genug ausgekostet zu haben. Immerhin, dieser Gipfel war mehr als ein höchster Punkt ist; es war ja ein Berg der Verklärung. Die Gipfelkapelle war der Verklärung geweiht und wir wußten, was den Griechen die Metamorfosis, die Verwandlung zum Eigentlichen bedeutet. Also, mit welchen Augen war der weiße Punkt dieses Gipfels in tausend Jahren aus allen Klöstern und Einsiedeleien angeblickt worden? Sollte sich das nicht niedergeschlagen haben auf ihn wie Tau, unsichtbar nur für die Blinden? Könnte es etwas anderes als diese Schicht sein, was man sehen möchte, wenn man in eine so gelebte

Landschaft eingeht? Doch nicht Realitäten? Ruinen? Altertümer, Verbürgtes? Doch nicht Vergangenes, nicht Fakten? Doch nicht Historie?
Nur den milden Schein der Legende.

Weite Meerfernen, die sich am Ende in Dunst und Sonne auflösten. Die Wasserflächen von Bahnen durchzogen: Furchen von lange vorübergezogenen Schiffen. Eine Menge Inseln. Wir spielten das Spiel, nach der Karte die Namen zu finden; manche kleine, die auf der Karte fast nichts sind, machten sich über Erwarten heraus. Die kleinen Piperi-Inseln, unbedeutende Splitter der Nordsporaden, wallten als blaue Meerblumen auf. Man sah auch den zweiten und dritten Chalkidike-Finger, die beide schicksallos sind, während der erste, der Athos, erwählt war.
Im Rückblick die Halbinsel war ganz ins Schmale geronnen, ein grüner Streifen eigentlich nur. Der Wald wie Moos auf Architekten-Modellen, gefärbtes Gewölle. Wir suchten einzelne Klöster und Wege, die wir gegangen waren, aber wir fanden nicht allzu viele heraus. Doch waren wir ja nicht deswegen auf den Gipfel gestiegen, um Aussicht zu haben und mehr und weiter zu sehen; da hätten wir uns ja denen zurechnen müssen, die auf Berge mit Bergbahnen fahren und sich somit selber betrügen. Man steigt doch auf Berge, weil man beim Steigen in eine bessere Form von sich selbst kommt.

Während wir in den Felsen lagen und uns von dem überstarken Sonnenlicht anstrahlen und vom Gipfelwind anblasen ließen, flog ein Vogel herzu, wohl eine Alpenbraunelle, rostrote Flanken, sonst graubraun, setzte sich ganz in unsere Nähe, wippte, äugte und ruckte, lief dahin und dorthin, während ihr der Gipfelwind ab und zu das Gefieder von hinten aufblies, pickte Käferchen, Spinnchen, äugte wieder und ruckte. Es fiel ihr nicht schwer, sich eine Viertelstunde hindurch zum Mittelpunkt der Szene zu machen, denn wir wagten nicht Fuß noch Finger zu rühren, da uns ihre Begrüßung, überhaupt ihre Nähe als des einzigen Wesens in Felsgipfelhöhe entzückte. Irgend etwas schien ihr durch unsere Anwesenheit nicht zu sein wie es sollte und doch, sie räumte das Feld nicht; es war *ihre* Gipfelflur, nicht die unsere, es lag ihr daran, darüber keine Unklarheit aufkommen zu lassen. Während der vier oder fünf Stunden, die wir da waren, kam sie immer wieder auf ihre alten Sprünge zurück; es war deutlich, daß auf ihrer Seite die stärkere Anwesenheit war, nicht auf unserer; wir hätten es nicht gewagt in Zweifel zu ziehen. War sie das Ömchen des Gipfels? Vielleicht war es der Vogel, der in Grimms Märchen vorkommt, als der König dem Hüterbuben drei Fragen vorlegt, darunter: »wie lang die Ewigkeit sei?« Der Hüterbub sagt: in Hinterpommern liege ein Demantberg, zu dessen Gipfel alle hundert Jahre einmal ein Vöglein komme, um daran seinen Schnabel zu wetzen. Wenn dereinstmals der ganze Berg abgewetzt sei, dann

sei gerade erst ein Augenblick der Ewigkeit vor-
übergezogen.

Eine bezaubernde Antwort. Eine unlösbare Frage
zwar nicht gelöst, keineswegs, aber durch Poesie
aufgehoben. Alles bleibt offen, aber Ohr und Herz
sind gestillt. Ein Beispiel dafür, wie Zweifel durch
Schönes aufgelöst werden kann.

Zudem wird klar: die Königsfrage war eine tief-
stehende Frage, Ewigkeit ist jedenfalls nicht in der
Länge und immer noch überlängerten Länge zu
suchen. Das Eine ist sicher: man sucht sie in Richtung des Endes der Zeiten vergebens. Nie läßt
sich das Zeitliche durch ein Ende beenden.

Vor wenigen Tagen hatten wir in der Großen
Lawra ein Wandbild mit den klugen und den törichten Hochzeitjungfern gesehen, fünf mit bren-
nenden und die fünf anderen mit verloschenen
Leuchten; mir war sofort deutlich, daß dieses
Gleichnis, welches gewöhnlich als Mahnung zur
Weltklugheit aufgefaßt wird, in der mönchischen
Welt, so nahe den Einsiedlerfelsen, eine überraschende Anwendung habe. Soll man sich einrichten
in Zeit und in Welt? Ist es besser, die Welt zu verlassen und aufs Ende der Zeiten zu warten? Das
war es ja eben.

Das Gleichnis mit den zehn klugen und törichten
Jungfern ist das genaue Gleichnis der Zeit. Alle
zehn erwarten den Bräutigam; der Bräutigam, das
versteht sich, der Bräutigam ist das Ereignis. Wenn

er kommt, das wird erst das Eigentliche, das wird wie der Schritt aus dem Zeitlichen sein; dann ist die Sinnlosigkeit, die Verdrossenheit, die Leere des Tages zu Ende. Der Bräutigam, das ist die Fülle. Ihn nicht zu verfehlen, ihn recht zu erwarten, das ist die Sorge der Mädchen.

Wachen und Warten? Davon ist durchaus nicht die Rede, denn sie schlafen ja alle zehn, jung, müd und gesund; kein Mensch verlangt, daß sie wachen. Aber fünf von ihnen sind zu nichts anderem fähig, als *nur* zu erwarten; jede Zelle ist ihnen mit Erwartung gefüllt. In diesem Vorgefühl überhüpfen sie das Einstweilen, übereilen sie, überspringen sie die dazwischenliegende *Zeit*. Sie sind die Entzückten; ihre glänzenden Augen sind gänzlich nach drüben gewandt. Sie halten ihr Blühen dem Ereignis entgegen, das alles Leere auflösen wird. Töricht? Sind sie eigentlich töricht? Eher betört und betrogen. Es ist nichts an ihnen zu tadeln, nur, sie schwärmen und geben sich ganz dem Zukünftigen hin. Kümmert sie, ob sie Öl für ihre Lampen besitzen?

Die fünf andern, nicht weniger voller Erwarten, haben den Sinn für die *Zeit*. Denn man lebt doch in *Zeit*. Wenn erst der Bräutigam kommen wird, dann wird keine mehr sein: wie sollte dann Zeit sein? Dann ist doch Kraft und Herrlichkeit, dann ist doch Ewigkeit, Fülle. Wie aber soll man sich bis dahin verhalten?

Es ist das Ärgernis dieser Geschichte, daß die Nichts-als-Erwartenden das große Ereignis verfehlen. Es wird ihnen die Tür zum Hochzeitsmahle verschlossen und das Donnerwort trifft sie: »Ich kenne euch nicht.« Denn sie verkannten: nur durch das Medium der Zeit können wir hoffen, aus der Zeit zu gelangen; das ist unsere Lage. Bei Zeiten heißts daran denken: bald wird keine mehr sein. Was die fünf Auserwählten begriffen: sie nehmen das Zeitliche wahr. Sie wissen, was Zeit ist. Jede Minute, während sie perlt, haftet in ihrer fraulichen Hand. Einstweilen, der Bräutigam ist noch nicht da, *muß man sorgen*. Es kann dauern. Wer weiß denn, wie lange? Dann ist es gut, zu den gefüllten Lampen noch einen Vorrat von Öl zum Nachguß zu haben. Denn einstweilen ist Zeit. Und sie wissen: man kann nie das Zeitliche enden, indem man Zeit für unwert erklärt; nie kann man Zeit durch ein Ende beenden.

Wäre es so, die schwärmenden Mädchen trügen die Krone. Aber sie tragen sie nicht.

Wie also? Ja, lebt man denn auf dem heiligen Berg nicht in reiner Endzeit-Erwartung? Doch, sicher. War es somit nicht gewagt, die Parabel von der Sorge an die Wände zu malen? Ganz sicher; aber offensichtlich besaß man die Freiheit dazu. Weltflucht oder Weltklugheit? Also welche von beiden? Allem Anschein nach wird keine von beiden empfohlen. Offenbar gilt nicht das starre Gesetz. Schließlich, die Mönche sind Griechen und so verstehen sie, was so schwer zu verstehn ist: evangelische Freiheit. So wurde das Gegenteil des asketischen Lebens auch gleich an die Wand der Askese gemalt.

Nein, musterhaft, das will man auf dem Athos auf keinen Fall sein. Man liebt nicht den Lehrsatz, den Grundsatz und nicht die eifervolle Doktrin. Auch dessen enthält sich der Berg, dieser große Enthalter, die Welt einzurichten, Gesetze zu geben und Glauben-Sätze zu machen. Keine Vorschrift, keine Überzeugung, keine Wissenschaft. Nicht einmal eigentlich Theologie. Ergriffenheit, keine Hochmutbegriffe. Tiefe Stille in dieser immer und immer redenden, immer auf etwas bedachten, gewillten, immerzu handelnden Welt.

Was auch könnten wir besseres tun, wir, in unserer Lage, als sämtliche Reimworte auf Gott hinzuschreiben und den Endreim offen zu lassen?

INHALT

den geringsten Versuch, Obrigkeit und Herrschaft zu sein — nur ein Ausgespartes, Gelöschtes — große Gleichnishandlung: Mitte der Machtlosigkeit — ein Ort evangelischer Freiheit, evangelischer Ohnmacht

HÖHENWEG im Ringelhemd — Klosterhof, vom Mondlicht bis zum Überlaufen gefüllt — das ist Athos, das ist der Süden — Zeit: es wird nur ganz wenig verbraucht — nächtlicher Maultierzug — Ölbaumgefieder, Goldflüsse, Goldschlünde — bei diesen Gesängen scheint es sich immer um gebrochene Herzen zu handeln — Grillen, wie es beim japanischen Jo-jo-Spiel ist — nächtliche Gipfelkontur — Ölgarten im Mondlicht: waren wir unversehens in den Garten Gethsemane eingedrungen? — wie in Mondnächten vergrabene Schätze sich sonnen — hatte hier einer sein Leben in Einsamkeit und Entzückung gelebt? — auf jeden Fall Durchlaß, auf jeden Fall Austritt ins Freie, wie auf eine Altane: ach, Sterne! — worauf die Szene jäh ins Antikische schlug

UHDORF KARYÄ: Verdrossenheit, eine der acht Hauptsünden — ein Pascha geht nicht allein — »oli Thomades« — 86 Problimata — kurzhosige Tramper — pantomimisches Lehrstück — gleichwohl in der Gasthöhle muntere Stunden — Abendmelancholien — »Attention, mon enfant!« — was damit gemeint ist: ein heiliger Berg

KLOSTER DIONYSIU: allermerkwürdigster Bau — Goldverlies — die Stundentrommel: wie eine geklöppelte Spitze — Frühmette: Meeresstille, unendlicher Glanz auf den Flächen — Hesychia, das große athonitische Wort — Liturgie: der Kopf will das Neue, aber das Herz will immer dasselbe — Bibliothekar im Vogelbauer — gibt dem Anonymen die alte Ehre

Die kleinen griechischen Kirchen — wie Maulwürfe ihre braunen Monumente aufstoßen — wie anders als die imperialen Gottespaläste — als die gotischen — und als die barocken — und erst recht als die lutherischen Räume — die Historie, die darauf aus ist, von allem den Ursprung und die

Entwicklung zu kennen und glaubt, sie wisse dann, was es
eigentlich ist

VIII

IX

X

NIEDERGEFAHREN ZUR HÖLLE — im Paradies gibt es nämlich keinerlei Kunst, Kunst ist immer nur draußen vor den

haft und doch nicht familienhaft fort — auch das war noch
in der alten Ordnung: daß Kunst dort namenlos war —
»gute Werke«, oder sind sie etwa nicht gut? — Werkgerechtigkeit — lange Haare, kurze Haare — das Schöne ist
ein ausgeworfenes Netz: wissen wir, wann es fängt? —
o elachistos monachos Dionysios, der schlechteste Mönch 239

Insel Verlag Anton Kippenberg GmbH & Co. KG
Torstraße 44, 10119 Berlin
info@insel-verlag.de
www.insel-verlag.de